Philipp

WINDSOR VERLAG
www.windsor-verlag.com

Verlag: Windsor Verlag
ISBN: 978-1-627841-45-0

Fotos: Daniela Friedli (www.danielafriedli.ch)
Umschlaggestaltung: Julia Evseeva
Lektorat: Online Offline Kommunikation, Martina Beranek (www.online-offline.ch)
Layout: Julia Evseeva

Nadja Reinmann
Monica Schlatter

KOCHEN NACH PALEO
Schlank und gesund mit ursprünglicher Ernährung

INHALTSVERZEICHNIS

GEMÜSE

NACHSPEISEN

QUINOA

DANSAGUNG

VORWORT

Liebe Leserin, lieber Leser

Schon als Kind trieb ich viel Sport. Deshalb war es für mich naheliegend, im Erwachsenenalter einem sportlichen Beruf nachzugehen. Diesen Traum habe ich mir vor über zehn Jahren erfüllt: Zunächst arbeitete ich als Fitness-Instruktorin, bildete mich anschliessend in den USA weiter zur Personal Trainerin und gehe seit rund fünf Jahren dieser Passion in der Schweiz nach.

Paleo-Ernährung für besseres Wohlbefinden
Als ich von 2007 bis 2009 in einem renommierten Fitnessstudio in New York arbeitete, brach bei mir Zöliakie (Glutenunverträglichkeit) aus. Ich fing deshalb an, mich vermehrt für Ernährung zu interessieren und entdeckte Paleo. Diese eiweissreiche aber kohlenhydratreduzierte Urkost basiert auf Lebensmitteln, welche schon den steinzeitlichen Höhlenmenschen zur Verfügung standen: Fleisch, Fisch, Obst, Gemüse, Eier, Nüsse und Samen. Sie verwendet somit natürliche Nahrungsmittel und lässt Getreideprodukte, Zucker und alle verarbeiteten oder künstlich hergestellten Produkte weg.

Bereits nach kurzer Zeit fühlte ich mich dank Paleo viel vitaler und fitter, und meine Beschwerden gingen zurück. Um diese Ernährungsart auch meinen Kunden vermitteln zu können, absolvierte ich eine Ausbildung des weltbekannten Strength Coachs Charles Poliquin. Der gebürtige Kanadier schwört auf Paleo und hat eine eigene Trainingsphilosophie entwickelt, mit der er zahlreichen Athleten zu Medaillen (auch olympischen!) verhalf.

Begeisterte Kunden
Seit meiner Rückkehr aus den USA im Jahr 2009 empfehle ich interessierten Kunden die Paleo-Ernährung. Die Rückmeldungen sind durchwegs positiv: Alle konnten ihr Gewicht reduzieren und ihre Körperproportionen verbessern. Die meisten berichten zudem über weniger Müdigkeit, mehr Vitalität, erhöhte körperliche Leistungsfähigkeit, bessere Konzentration und ein allgemein verbessertes Wohlbefinden. Bei manchen meiner Kunden

haben sich gar gewisse gesundheitliche Beschwerden (z.B. zu hoher Blutdruck) in Luft aufgelöst. Da Paleo auf alltagstauglichen Grundsätzen basiert, ist es einfach umzusetzen. Auf Genuss und Vielfalt muss dabei niemand verzichten.

Rezepte? Rezepte!
Im deutschsprachigen Raum gab es bisher nur wenige Paleo-Kochbücher. Endlich kann ich gemeinsam mit einer Kundin, welche passionierte Köchin ist, diese Lücke schliessen: In Zusammenarbeit mit Monica Schlatter ist ein umfangreiches Werk mit vielen gesunden, leckeren und abwechslungsreichen Rezepten, mit nützlichen Tipps und wertvollen Informationen zur Paleo-Ernährung entstanden.

Stets auf dem Laufenden
Auf unserer Webseite *www.edition-nm.ch* finden Sie neue Rezepte, aktuelle Erkenntnisse und Wissenswertes über Gesundheit und Wohlbefinden.

Essen Sie sich gesund!

Ihre Nadja Reinmann
Personal Trainerin
Ernährungs-Coach

GRUNDLAGEN DER PALEO-ERNÄHRUNG

Die Paleo-Ernährung ist heute aus der modernen Fitness- und Gesundheits-Landschaft nicht mehr wegzudenken und wird immer populärer. Sie ist eine nach neuesten Erkenntnissen entwickelte Ernährungsweise, bei der auf Kohlenhydrate weitgehend verzichtet, die Energieaufnahme auf Gemüse und Obst beschränkt und vermehrt auf Eiweisse und gesunde Fette gesetzt wird.

Dies bedeutet:
- die Zufuhr stärkehaltiger Nahrungsmittel (z.B. glutenhaltige Getreide wie Weizen, Dinkel, Roggen und andere, Kartoffeln, Mais, Reis, etc.) reduzieren,
- Zucker meiden,
- den Anteil der Energieaufnahme aus Gemüse und Obst steigern
- und mehr hochwertige Tierprodukte und gute Fette in die Ernährung einbauen.

Details zu den in der Paleo-Küche verwendeten Zutaten finden Sie im Abschnitt **Basiswissen/Zutaten**.

Bei Paleo handelt sich aber auch um eine Ernährungsart, welche durch die Verwendung ursprünglicher und unverarbeiteter Zutaten verschiedene Zivilisations-Krankheiten (Diabetes mellitus Typ II, Adipositas, Bluthochdruck etc.) und Allergien positiv beeinflussen will. Paleo-Ernährung verzichtet daher auch bewusst auf glutenhaltige Lebensmittel (v.a. im Getreide enthalten).

In unserem Buch haben wir eine Mischform zwischen der strikten Paleo-Ernährung (kommt vollkommen ohne Milchprodukte aus) und jener Form mit Milchprodukten gewählt: Wir verzichten auf alle milchhaltigen Lebensmittel, ausser auf Joghurt und Quark.

Paleo-Ernährung: der Ursprung

Paleo-Ernährung sucht ihr Vorbild weit in der Vergangenheit. Heute ist bekannt, dass sich unsere Urahnen der Steinzeit kaum von kohlehydratreichen Lebensmitteln – Knollen und Früchten – ernährten, da diese jahreszeitlich bedingt nur selten zur Verfügung standen. Der menschliche Körper stellte sich daher schon zu Beginn seiner Evolution darauf ein, eine ausreichende Versorgung der Körperzellen hauptsächlich aus Eiweissen und Fetten sicherzustellen.

Auch heute funktioniert unser Stoffwechsel nicht anders als damals. Unsere Ernährung hat sich aber radikal verändert: Im Normalfall nehmen wir nur einen kleinen Teil Fette, einen etwas grösseren Teil Eiweisse und einen Löwenanteil an stärke- und zuckerhaltigen Nahrungsmitteln ein. Die Folge davon ist in vielen Fällen Übergewicht.

Stärkehaltige Nahrungsmittel und Zucker blockieren Energieabbau

Stärke kommt überwiegend in Getreideprodukten wie Brot und Pasta, Kartoffeln, Mais und Reis vor. Sie ist – ebenso wie reiner Zucker – ein schneller Lieferant von Energie, da sie rasch ins Blut übergeht und den Blutzuckerspiegel ansteigen lässt. Deshalb fühlen wir uns nach dem Verzehr von Pasta, Brot oder einem süssen Keks im ersten Moment wach und fit. Unser Körper ist jedoch stets darum bemüht, den Blutzuckerspiegel mehr oder weniger auf demselben Niveau zu halten, damit unsere Leistungsfähigkeit ausgeglichen bleibt. Sobald er einen starken Anstieg des Zuckerspiegels bemerkt, schickt er daher das körpereigene Hormon Insulin los. Dieses gleicht den Blutzuckerspiegel wieder aus, indem es dem Körper das Signal gibt, alle neu zugeführte aber auch bereits eingelagerte Energie (auch Körperfett) zu speichern, beziehungsweise zu blockieren.

Mehr Eiweiss und gesundes Fett

Wer also im Alltag viel stärke- und zuckerhaltige Speisen zu sich nimmt, stellt seinen Körper langfristig auf Energiespeicherung und damit auf Fetteinlagerung ein. Paleo-Ernährung will aus diesem Grund mehrheitlich auf Nahrungsmittel mit einem hohen Stärke- und Zuckeranteil verzichten. Zudem verwendet sie nur naturbelassene Produkte und meidet alle industriell hergestellten Nahrungsmittel.

Wer sich gemäss Paleo ernährt, muss darauf achten, dass er ausreichend Eiweiss und Fett zu sich nimmt, um den Stoffwechsel auf Trab zu bringen und die Leistungsfähigkeit zu erhalten. Das heisst: Zu jeder Hauptmahlzeit eiweisshaltige Produkte (Fleisch, Fisch, Eier und andere) konsumieren. Zusätzlich sollte der Anteil guter Fette – enthalten in Nüssen, Olivenöl, Avocados und anderen Produkten – erhöht werden.

Übrigens, keine Angst vor Fett! Als alleiniger Dickmacher scheidet es definitiv aus:
Seit Beginn der Lowfat-Bewegung in den siebziger und achtziger Jahren essen wir viel fettärmer. In den USA, wo dieser Trend in Gang gesetzt wurde und noch heute viel Lowfat konsumiert wird, sind trotzdem zwei Drittel der Amerikaner übergewichtig! Tatsache ist: Damit Lowfat gut schmeckt, muss das fast oder gänzlich fehlende Fett durch Zucker ersetzt werden!

Paleo-Effekte

Die positiven Aspekte der Paleo-Ernährung gehen weit über eine Gewichtsreduktion hinaus. Die meisten Anwender berichten von einer besseren Vitalität, einer gesteigerten körperlichen (muskulären) und psychischen Leistungsfähigkeit und von einem allgemein verbesserten Wohlbefinden. Die beiden Hauptbestandteile dieser Ernährungsform haben denn auch wichtige Aufgaben im Körper: So sind Eiweisse beispielsweise unverzichtbare Bau- und Reparaturstoffe für unsere Zellen und damit auch für unsere Muskeln. Regelmässig verzehrt unterstützen sie uns dabei, unseren Körper straff und geformt zu halten, auch wenn die Muskelmasse mit fortschreitendem Alter abnimmt. Aber auch Fette haben viele wichtige Funktionen im Körper. Sie sind beteiligt am Bau von Struktur- und Zellmembranen und helfen dem Körper, fettlösliche Vitamine (A, D, E und K) aufzunehmen.

PRAKTISCHE ANWENDUNG

Kein Brot? Keine Pasta? Keine Schokolade? Für viele Menschen auf den ersten Blick kaum vorstellbar. Wichtig ist hier die «85-zu-15-Regel» zu befolgen. Ja, es darf «geschummelt» werden, aber mit Mass und bewusst. Die Gesamtbilanz ist relevant, denn nur so überwiegen die positiven Aspekte dieser Ernährungsweise. Was heisst das konkret? Wieviel ist 15 %? Gemäss Paleo sollten wir 21 Hauptmahlzeiten und rund 14 Snacks pro Woche essen. Somit würden die 15 % etwa 3 Hauptmahlzeiten ausmachen, bei denen auch mal etwas nicht Paleokonformes gegessen werden darf. Damit sich das Bewusstsein für die Ernährungsumstellung, die Routine, aber auch der Erfolg einstellen kann, sollte die Paleo-Ernährung im 1. Monat strikter implementiert werden. Eine Mahlzeit pro Woche (z.B. am Wochenende ein Dessert, eine Pizza etc.) dürfen Sie sich jedoch trotzdem gönnen. Nach dieser Zeit dürfen Sie drei Mahlzeiten pro Woche nach Ihren Vorlieben gestalten. Geniessen sie die Ausnahmen bewusst! Führen Sie die ersten 30 Tage Buch. Das ist eine zusätzliche Motivation und erleichtert es Ihnen im Nachhinein herauszufinden, ob Sie sich an die Regeln gehalten haben. Nach kurzer Zeit wird es für Sie selbstverständlich sein, mehr Gemüse zu essen, auf Pasta zu verzichten oder eine Frucht anstatt Kuchen zu verspeisen.

In unserem Kochbuch zeigen wir Ihnen, wie einfach Sie Paleo im Alltag beim Frühstück, beim Mittag- und beim Abendessen aber auch unterwegs und beim Sport umsetzen können. Zudem geben wir Ihnen hilfreiche Tipps, wie Sie erfolgreich bei der Umstellung auf Paleo vorgehen können.

Essrhythmus und Mengen
- Vermeiden Sie Süsses oder Kohlenhydrate beim Frühstück, da sonst der ganze Tag hindurch das Verlangen danach bestehen bleibt.
- Essen Sie täglich drei Hauptmahlzeiten (Frühstück, Mittag- und Abendessen) und – wenn möglich – zwei bis drei Snacks. Dabei spielt die Grösse der Portionen eine untergeordnete Rolle. Snacks sind wichtig, denn sie beugen Heisshungerattacken vor. Achten Sie auf Ihr natürliches Sättigungsgefühl: Sie sollten nicht hungern, sich aber auch nicht überessen.

- Lassen Sie keine Hauptmahlzeiten – insbesondere das Frühstück – aus. Nur so bleibt Ihr Stoffwechsel in Betrieb, und Sie essen bei der nächsten Hauptmahlzeit nicht das Falsche oder mehr, als Ihr Körper braucht.
- Vermeiden Sie das Essen vor dem Fernseher, da Sie so eher über den Hunger hinaus essen.
- Bringen Sie Kochtöpfe und Bratpfannen nicht an den Esstisch, sondern richten Sie die Teller in der Küche an. So hört man eher auf zu essen, wenn man satt ist.
- Verwenden Sie kleineres Geschirr. Es ist bekannt, dass man auf diese Art und Weise weniger isst.
- Achten Sie auf genügend Schlaf (7 bis 8 Stunden) und schalten Sie am Tag gezielt Ruhepausen ein. Denn zu wenig Schlaf schlägt sich genauso auf Ihren Bauch nieder wie eine kohlenhydratreiche Ernährung.

Vermeiden oder stark reduzieren

- Verzichten Sie gänzlich auf Zucker und auf künstliche Süssstoffe.
- Vermeiden Sie Getreideprodukte, z.B. Backwaren, Brot, Cornflakes, Kuchen, Müesli, Pasta, etc.
- Reduzieren Sie den Verzehr von Kartoffeln, Mais und Reis. Diese beinhalten viele Kohlenhydrate bei nur geringem Nährstoffgehalt. Mögliche Alternativen sind *Quinoa* (siehe Kapitel «Quinoa»), Amaranth und *Süsskartoffeln* (siehe Kapitel «Gemüse»). Diese sind in der Paleo-Ernährung im Mass erlaubt, da sie den Blutzuckerspiegel weniger stark ansteigen lassen. Quinoa ist als eine der besten pflanzlichen Eiweissquellen bekannt.
- Insbesondere, wenn Sie eine Gewichtsreduktion anstreben, sollten Sie aber auch diese Alternativen nicht zu häufig essen.

Getränke

- Trinken Sie täglich zwei bis drei Liter Wasser und/oder ungesüssten Tee. Wasser kann man mit einem Zitronen- oder Limettenschnitz, etwas Zitronensaft oder einem Pfefferminzblatt geschmacklich aufpeppen.
- Vermeiden Sie Soft-Drinks, Light- oder Zero-Produkte, zuckerhaltige Vitamin- oder Sportgetränke.
- Trinken Sie schwarzen Kaffee mit Mass (max. 3 Tassen pro Tag) und nicht nach 16:00 Uhr, wenn Sie unter Einschlafproblemen leiden.
- Geniessen Sie Alkohol mit Mass. Erlaubt sind ein bis zwei Gläser Rotwein pro Woche, jedoch kein Bier oder andere Alkoholika.

ESSEN ZU HAUSE

Frühstück

In der Paleo-Ernährung nimmt das Frühstück einen wichtigen Stellenwert ein. Lassen Sie es daher nie aus und sorgen Sie für Abwechslung. Folgende Komponenten eignen sich einzeln oder in Kombination (z.B. als Brunch am Wochenende) als Frühstück:

- *200 g bis 300 g griechisches Joghurt* (Nature, Vollfett) oder *Nature-Quark* mit einer *Handvoll Beeren.*

  Griechisches Joghurt ist sehr leicht verdaulich, enthält viele Proteine und Ballaststoffe und einen sehr tiefen Milchzuckeranteil. Falls Sie kein griechisches Joghurt finden, eignen sich andere Joghurtarten, deren Zuckeranteil bis maximal 5 g pro 100 g beträgt. Als Fruchteinlage passen Erdbeeren, Brombeeren, Heidelbeeren, Himbeeren und Johannisbeeren. Diese zählen zu den fruchtzuckerarmen Obstsorten und enthalten viele wichtige Vitamine und Mineralstoffe. Sie sind die absoluten Sieger in Sachen Gesundheitspower. Die kleinen aromatischen Früchte enthalten auch viele Ballaststoffe, was sättigend wirkt. Achten Sie bei Tiefkühlbeeren darauf, dass sie nicht mit Zucker angereichert sind. Bei Erdbeeren empfehlen wir die biologische Variante: Normale Erdbeeren sind eine der am stärksten gespritzten Nutzpflanzen der Welt.
- *zwei bis drei Eier* in verschiedenen Varianten (möglichst Freilandeier der Region), z.B.:
  - 4-Minuten-Eier,
  - Spiegeleier (mit oder ohne Frühstücksspeck),
  - Rührei (z.B. mit angebratenen Schinkenwürfeln und zerdrücktem Avocadofleisch)
  - oder Omelette (z.B. mit Lachs, Rezept siehe Kapitel «Eierspeisen»).
- *Lachs* oder andere Fischsorten.
- *Fleisch*, z.B. Bratenaufschnitt, Bresaola, Bündnerfleisch, Mostbröckli, Roastbeef, Rohschinken, Salami, Schinken gekocht, Speck, Truthahnschinken. Kaufen Sie das Fleisch nach Möglichkeit offen und nicht vakuumiert, da für eine bessere Haltbarkeit zusätzliches Salz, Zucker und Geschmacksverstärker beigefügt werden.
- ungesüssten Tee oder schwarzen Kaffee.

Fleisch und Nüsse, das Spezialfrühstück nach *Charles Poliquin* (unsere Empfehlung):
Dies ist die beste Frühstückoption, um das Körperfett dauerhaft tief zu halten und trotzdem viel Energie zu haben! Das Fleisch lässt den Blutzuckerspiegel langsam und stetig ansteigen, währenddem ihn die Nüsse aufgrund ihres natürlichen Fettgehalts stabil halten. Falls Sie auf Nüsse allergisch sind, können Sie das Fleisch alternativ mit Gemüse und/oder Früchten kombinieren, welche wenig Fruchtzucker und Traubenzucker (Glukose) haben, z.B.: Aprikosen, Avocados, Erdbeeren, Brombeeren, Heidelbeeren, Himbeeren, Grapefruits, Nektarinen, Oliven, Papayas, Pfirsiche und Pflaumen. Nach dem Frühstück empfiehlt Poliquin zusätzlich die Einnahme eines Tee- oder Esslöffels qualitativ hochwertigen Fischöls, um die Insulinantwort noch mehr abzuschwächen.

Mittag- und Abendessen

Neben dem Frühstück sind auch Mittag- und Abendessen wichtig und sollten daher nie ausgelassen werden. Diese beiden Hauptmahlzeiten können aus unterschiedlichen Komponenten zusammengesetzt werden, z.B. aus:
- *Saisongerechtem Gemüse* und/oder Salat,
- *Fleisch, Wild und Geflügel*. Verwenden Sie nach Möglichkeit Produkte aus dem eigenen Land und aus Weidehaltung.
- *Freilandeiern* und
- *Fischen* und *Meeresfrüchten*. Wählen Sie wenn immer möglich Produkte aus Wildfang oder mit Bio-Qualität.

Snacks

In der Paleo-Ernährung sind zwei bis drei Snacks täglich empfohlen. Folgende Produkte eignen sich einzeln oder in Kombination:
- *Früchte, frisch*: Essen Sie wegen des Fruchtzuckers aber nicht mehr als zwei Früchte (z.B. Apfel, Nektarine) oder eine Handvoll Beeren am Tag, wenn Sie Ihr Gewicht reduzieren möchten oder Ihr Alltag nicht durch Sport ergänzt wird. Verwenden Sie nach Möglichkeit saisonale und regionale Produkte. Schränken Sie den Konsum getrockneter Früchte stark ein, da diese mehr Zucker enthalten.
- *Gemüse, roh*, z.B. mit Dip: Avocado, Broccoli, Fenchel, Karotte, Kohlrabi, Olive, Paprikaschote, Radieschen, Salatgurke, Stangensellerie, Süsskartoffel, Tomate, Zucchetti (Dip-Rezepte siehe Kapitel «Gemüse»)
- *Hart gekochte Eier*
- *Nüsse, Kerne oder Samen, ungesalzen*: Cashew-Nüsse, Haselnüsse, Macadamia-Nüsse, Mandeln, Paranüsse, Pekan-Nüsse, Pistazien, Baumnüsse; Kürbis- und Son-

nenblumenkerne, Mohn- und Sesamsamen, Pinienkerne, Leinsamen. Verzichten Sie auf Erdnüsse, da diese besonders häufig Allergien auslösen können.

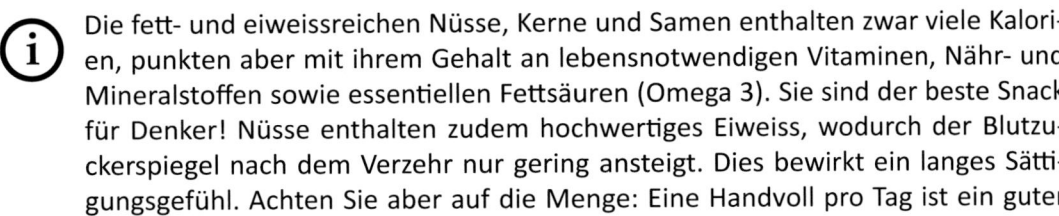

Die fett- und eiweissreichen Nüsse, Kerne und Samen enthalten zwar viele Kalorien, punkten aber mit ihrem Gehalt an lebensnotwendigen Vitaminen, Nähr- und Mineralstoffen sowie essentiellen Fettsäuren (Omega 3). Sie sind der beste Snack für Denker! Nüsse enthalten zudem hochwertiges Eiweiss, wodurch der Blutzuckerspiegel nach dem Verzehr nur gering ansteigt. Dies bewirkt ein langes Sättigungsgefühl. Achten Sie aber auf die Menge: Eine Handvoll pro Tag ist ein guter Richtwert.

ESSEN UNTERWEGS

Zum Mitnehmen

- «Sandwiches» aus *Salat* oder *kalten Omeletten* (Rezepte siehe Kapitel «Eierspeisen»): Verwenden Sie anstatt Brot Salatblätter oder eine kalte Omelette zum Einwickeln der Einlage. Ihr Salat- oder Omeletten-Sandwich können Sie füllen mit: Bratenaufschnitt, Bresaola, Bündnerfleisch, Mostbröckli, Roastbeef, Rohschinken, Sardellen, Schinken gekocht, Truthahnschinken, geräuchertem Lachs, Gurken-, Tomaten- und Zwiebelscheiben, Oliven, Sprossen, Kernen und Samen etc. oder mit kalten Fleischplätzli, welche Sie zuvor selbst gewürzt und gebraten haben.
- *Nüsse, Früchte* und *rohes Gemüse*: Packen Sie diese in einen kleinen Haushalt- oder Tragbeutel ein. Nüsse sind nicht nur eine schmackhafte Ergänzung zu Früchten und Gemüse, sie sorgen darüber hinaus dank ihres Eiweiss- und Fettgehalts für einen langsameren Anstieg des Blutzuckerspiegels.
- *Wasser*: Nehmen Sie für unterwegs jeweils etwas Wasser mit.

Im Restaurant

- *Brot vermeiden*: Lassen Sie im Restaurant den Brotkorb abräumen. Oliven oder rohes Gemüse mit Dip oder sogar Käse sind da bessere Optionen.
- *Mit Salat beginnen*: Zügeln Sie den grössten Appetit mit einem Salat. So wird der Magen mit Ballaststoffen, Vitaminen und Mineralstoffen gefüllt. Bevorzugen Sie italienische Salatsauce oder bestellen Sie Essig und Olivenöl.
- *Kohlenhydrate durch Proteine ersetzen*: Fragen Sie im Restaurant – anstelle eines Pastatellers oder eines Risottos – beispielsweise nach einem «Fitnessteller» mit unpaniertem Fleisch oder Fisch und einer Salat- und/oder Gemüsebeilage.
- *Frische Früchte zum Dessert*: Eine gesunde Mahlzeit mit einem stark gesüssten Dessert abzuschliessen, ist nicht hilfreich im Kampf gegen überschüssige Kilos oder auf dem Weg zur Gesundheit. Verlangen Sie daher lieber frische Früchte, Beeren oder auch ab und zu mal einen Käseteller mit Früchten und Nüssen. Trinken Sie dazu einen ungesüssten Tee oder Kaffee.

TIPPS GEGEN/BEI LUST NACH SÜSSEM

Studien haben belegt, dass es einen Zusammenhang zwischen Stimmung, Kohlenhydrataufnahme und Stoffwechselfunktionen gibt. Erwiesen ist auch, dass insbesondere in der kalten Jahreszeit ein grösseres Verlangen nach Süssem und Kohlenhydraten besteht.

Verschiedene Massnahmen können vorbeugen:
- *Schon beim Frühstück auf Süsses oder Kohlenhydrate verzichten*: Ansonsten bleibt den ganzen Tag das Verlangen danach bestehen.
- *Keine Süssigkeiten zu Hause haben*: Kaufen Sie erst gar nicht süsse Snacks, Schokolade, Bonbons etc. oder verschenken Sie sie. So gibt es keine Möglichkeit, abends zu naschen.
- *Lust auf Süsses mit Früchten stillen*: Essen Sie eine süsse Frucht oder ausnahmsweise getrocknete Früchte und trinken Sie dazu viel Flüssigkeit.
- *Zimt-Tee trinken*: Der Geschmack von Zimt nimmt vielen Menschen die Lust auf Süsses und ist erst noch gesund. Geben Sie etwas Zimtpulver auch in Ihren Kaffee oder zu Ihren Speisen.
- *Notfalls schwarze Schokolade mit sehr hohem Kakaoanteil (mind. 75 %) essen*: Lassen Sie die Schokolade ganz langsam im Mund zergehen.

ERNÄHRUNGSTIPPS IM ZUSAMMENHANG MIT SPORT

Viele Studien belegen den Nutzen regelmässiger Bewegung: Wer körperlich aktiv ist, wird seltener krank und erfreut sich zudem oft einer besseren Figur. Dabei spielt Krafttraining eine wichtige Rolle, da der Aufbau von Muskelmasse gleichzeitig den Körperfettanteil sinken lässt. Insgesamt wirkt Bewegung auch antidepressiv, Angst lösend und beruhigend.

Doch wenn es darum geht, überschüssige Kilos loszuwerden, scheint Ernährung offenbar noch wichtiger zu sein als Bewegung. Eine reduzierte körperliche Aktivität spielt gemäss unterschiedlichen Studien eine untergeordnete Rolle bei der Entstehung von Fettpolstern. Umgekehrt führt aber ein erhöhter Körperfettanteil dazu, dass man sich weniger bewegt.

Wenn Sie Ihr Wunschgewicht erreichen und halten möchten, empfehlen wir Ihnen:
- *Kein intensives Training mit leerem Magen*: Achten Sie darauf, dass Ihr Magen vor einem intensiven Training nie ganz leer ist. Denn nur so kann ihr Körper während und nach dem Training mehr Fett verbrennen (erhöhte Stoffwechselaktivität).
- *Essen Sie vor dem Training keine Früchte*: Früchte enthalten Fruchtzucker. Dieser verlangsamt die Fettverbrennung.
- *Greifen Sie nach dem Training zu Früchten und kohlenhydratreichen Lebensmitteln*: Diese helfen unter anderem, die Energiespeicher in den Muskeln rasch wieder aufzufüllen.
- *Trinken Sie unmittelbar nach dem Training keinen Kaffee*: Dieser kann nicht nur die Fettverbrennung, sondern auch die Erholungszeit stark herabsetzen.

BASISWISSEN/ZUTATEN

In diesem Kapitel stellen wir Ihnen die wichtigsten in diesem Buch und in der Paleo-Ernährung verwendeten Zutaten vor. Einleitend ist zu erwähnen, dass wir bei Obst und Gemüse empfehlen, jeweils beim lokalen Bauern und die Bio-Variante zu kaufen, da diese nicht mit chemischen Substanzen gespritzt wird. Fleisch sollte nach Möglichkeit aus Weide- oder Freilandhaltung und Fisch aus Biozucht oder Wildfang stammen. Setzen Sie beim Kauf von Fleisch auf offen verkaufte Produkte (z.B. beim Metzger), denn diese enthalten weniger Zusatzstoffe zur Konservierung (Salz, Zucker, Geschmacksverstärker etc.).

Eier

Das Ei ist neben Fleisch und Fisch unser hochwertigster Eiweisslieferant: Es enthält alle lebenswichtigen Aminosäuren (Eiweissbausteine). In einem einzigen Ei stecken zudem rund zehn Prozent unseres täglichen Eiweiss- und Mineralstoffbedarfs sowie ein Viertel unserer notwendigen Tagesration an Vitamin A und D.

Leider kursiert auch heute immer noch das Märchen, dass Eier den Cholesterinspiegel im Blut erhöhen und somit Herz-Kreislaufstörungen begünstigen. Wissenschaftlich bewiesen ist heute aber das Gegenteil. Zahlreiche Studien belegen, dass bis zu vier Eier täglich gegessen werden können. Schalten Sie jedoch auch hin und da einen eierfreien Tag ein, um Allergien vorzubeugen.

Essig

Verwenden Sie vorzugsweise Essig ohne Zuckerzusatz. Auch Zitronensaft ist geeignet. Achten Sie insbesondere bei Balsamico-Essig auf die Zusammensetzung: Oft enthält er Zucker aus Zuckerrüben, Mais oder Rohrzucker und eignet sich daher nicht für die Paleo-Küche.

Fette im Überblick

Billige Pflanzenöle und Margarine sind in der heutigen Ernährung leider sehr verbreitet. Oft enthalten sie grosse Mengen an teil- oder vollständig gehärtetem Fett (Transfettsäuren) oder anderen ungesunden Fettsäuren und wirken sich auf Dauer negativ auf die Gesundheit aus.

Wir empfehlen daher:
- *Konsumieren Sie vorwiegend Lebensmittel mit gesunden Fettsäuren (Omega-3-Fettsäuren)*: Sie kommen in Avocados, Fischen und deren Öl, Leinsamen und seinem Öl, in Mandeln, Pinienkernen, Walnusskernen und Walnussöl vor.
- *Eliminieren Sie alle Transfette aus ihrer Ernährung*: Am häufigsten kommen diese in Backwaren, Chips, Cornflakes, Müesli mit Fettzusatz, frittierten Speisen, Keksen und anderen industriell verarbeiteten Lebensmitteln vor. Aber auch gewisse Öl-Arten und Erdnuss-Butter können diese enthalten. Lesen Sie mehr zu Transfetten in unserem Blog *www.edition-nm.ch*.

Pflanzenöle

Folgende Pflanzenöle sind empfehlenswert:
- *Olivenöl*: Olivenöl kann in der kalten Küche, aber auch zum Kochen und Braten eingesetzt werden. Verwenden Sie nach Möglichkeit hochwertiges Olivenöl (Extra vergine) und achten Sie bereits beim Kauf auf entsprechende Qualität. Da weltweit mehr Olivenöl verbraucht als produziert wird, ist es ein offenes Geheimnis, dass vieles davon mit billigen Ölen gestreckt wird. Die Olivenöle unterscheiden sich nicht nur in Qualität, sondern auch in Geschmack (je nach Ursprung). Im Reformhaus oder Kräuterladen berät man Sie zu beiden Aspekten. Schützen Sie das Olivenöl nach dem Kauf vor Licht (dunkle Flasche) und Wärme (14 °C bis 16 °C, nicht im Kühlschrank) und schliessen Sie die Flasche immer gleich nach Gebrauch.
- *Nussöl*: Öl aus Walnüssen, Haselnüssen und anderen Nüssen eignet sich für Rohkostspeisen. Nicht erhitzen!
- *Avocado-Öl*: Dieses Öl können Sie zum Würzen von Avocado-Speisen verwenden. Es sollte nicht erhitzt werden.
- *Kokosöl*: Kann zum Braten oder Backen verwendet werden. Kokosöl ist sehr hoch an mittelkettigen Fettsäuren, welche nachweislich gesundheitsfördernd sind, die Hirnfunktion und Körperzusammensetzung positiv beeinflussen.

Butter

Butter eignet sich zum Braten und Backen. Sie enthält viele fettlösliche Vitamine, vor allem Vitamin K. Dieses ist besonders wichtig für die Gesundheit der Knochen, da es den Kalzium-Stoffwechsel unterstützt. Wir empfehlen Ihnen, Bio-Butter oder Ghee zu verwenden.

Fische und Meeresfrüchte

Fische und Meeresfrüchte sind – ebenso wie Fleisch – ein wichtiger Bestandteil der Paleo-Ernährung. Setzen Sie nach Möglichkeit auf Fisch aus Wildfang oder Bio-Zucht. Geniessen Sie langlebige Raubfische wie Thun- und Schwertfisch nicht zu oft, da diese Methylquecksilber enthalten: Unser Körper kann dieses nur schwer wieder abbauen.

Fleisch, Wild, Geflügel

Fleischprodukte sind wichtige Lieferanten von Eiweiss und Fett. In der Paleo-Ernährung sind folgende Fleischsorten erlaubt: Rind, Schwein, Lamm, Kalb, Wild, Geflügel. Kaufen Sie wenn immer möglich Produkte aus dem eigenen Land und aus Weidehaltung. Neben Fleisch können auch folgende Fleischprodukte auf dem Speiseplan stehen: Bratenaufschnitt, Bresaola, Bündnerfleisch, Mostbröckli, Rohschinken, Roastbeef, Salami, Schinken gekocht, Speck, Truthahnschinken.
Kaufen Sie Fleischprodukte nach Möglichkeit offen und nicht vakuumiert, da für eine bessere Haltbarkeit Salz, Zucker und Geschmacksverstärker beigefügt werden.

Getreide

Vermeiden Sie Getreide zugunsten von Gemüse, Obst mit einem tiefen Fruktosegehalt und Nüssen. Wenn Sie dennoch ab und zu Lebensmittel aus Getreide zu sich nehmen möchten, geben Sie Vollkornprodukten den Vorzug. Denn stark verarbeitete Getreide und daraus hergestellte Lebensmittel werden oft mit mehr Zusatzstoffen, ungesundem Fett und Zucker gemischt. Achten Sie beim Kauf auf die Angaben auf der Packung: Nicht überall, wo Vollkorn drauf steht, ist auch Vollkorn drin. Zudem besteht Getreide aus einem sehr hohen Anteil an Kohlenhydraten (oft bis zu 80 %) und nur einer kleinen Menge Eiweiss. Die meisten Getreidearten enthalten viel Gluten (vgl. weiter unten).
Wenn Sie gänzlich auf alle Arten von Getreide (verarbeitet aber auch Vollkorn) verzichten, tun Sie nicht nur etwas Gutes für Ihren Blutzuckerspiegel, sondern gehen auch dem oft enthaltenen Gluten aus dem Weg.

Gluten

Gluten ist ein Stoff, welcher in den Samen von Getreide und daher in den daraus ver-arbeiteten Produkten vorkommt. Besonders glutenhaltig sind Weizen, Dinkel und Rog-gen. Gluten ist insbesondere für Menschen mit einer entsprechenden Unverträglichkeit problematisch bis gefährlich. Denn bei einer Glutenunverträglichkeit (Zöliakie) führt der Verzehr von solchen Lebensmitteln zu einer Entzündung der Darmschleimhaut mit fol-gender Immunreaktion und Symptomen wie Durchfall, Erbrechen, Müdigkeit, Depressi-on, Appetitlosigkeit etc. Zwar gibt es viele glutenfreie Zutaten (Mehl etc.) und Produkte. Diese enthalten aber oft sehr viel zusätzliches Fett zur Optimierung des Geschmacks oder der Konsistenz und sind daher für die Paleo-Ernährung nicht geeignet.

Honig

Honig besteht, so wie Zucker, aus Glukose und Fruktose. Er enthält darüber hinaus zahl-reiche Mineralstoffe, Vitamine und Aminosäuren. Insbesondere dunkler Honig ist reich an Antioxidantien. Letztere sind unter anderem auch in Erdbeeren und Heidelbeeren zu finden und beugen Herz-Kreislauferkrankungen vor.
Wir empfehlen die Verwendung möglichst naturnaher Honigsorten. Vorzuziehen sind lokale Produkte von Imkern. Diese verkaufen in der Regel nur rohen Honig. Dieser wird nicht erhitzt und lediglich geschleudert und gefiltert. Je stärker ein Honig verarbeit ist, desto mehr ist er mit Zucker vergleichbar und daher in der Paleo-Ernährung nicht geeig-net. Industriell verarbeiteter Honig wird zudem oft aus verschiedenen Sorten gemischt. Diese können aus Ländern oder Regionen stammen, in welchen Gentechnik und Pesti-zide zum Einsatz kommen.
In Honig ist in der Regel etwas mehr Fruktose als Glukose enthalten. Aus diesem Grund schmeckt er süsser als dieselbe Menge Zucker. Wer die gleiche Süsse wie mit Zucker er-reichen möchte – beispielsweise für den seltenen Genuss eines süssen Desserts – muss also weniger Honig verwenden und nimmt dadurch weniger Kohlenhydrate ein. Honig erhöht den Blutzuckerspiegel langsamer als Zucker.

Milch

In der Paleo-Ernährung sollten Milchprodukte nicht täglich auf dem Speiseplan stehen. Dies gilt im Besonderen für Personen mit Laktoseintoleranz: Rund 10 bis 15 % aller Erwachsenen in Europa reagieren mit Bauchschmerzen, Blähungen und gar Durchfall auf laktosehaltige Milch. Bei erwachsenen Menschen der mittel- und südasiatischen Bevölkerung tritt diese Unverträglichkeit sogar noch häufiger auf.

Wer dennoch ab und zu Milchprodukte konsumieren möchte, sollte folgenden den Vorzug geben:

- *Rohmilch/Rohmilchkäse*: Rohmilch ist leichter verdaulich als pasteurisierte Milch, weil sie reicher an probiotischen Bakterien ist. Sie ist reich an Eiweiss, Spurenelementen, Fett und wasserlöslichen Vitaminen. Darüber hinaus enthält sie Enzyme, welche den Körper bei der Kalziumaufnahme aus der Milch unterstützen. Nach einer Pasteurisierung kann das Kalzium aus der Milch kaum mehr absorbiert werden, da die für diese Absorption zuständigen Enzyme abgestorben sind.
- *Hütten- und Ricottakäse*
- *Ziegen- und Schafskäse*
- *Käse aus Büffelmilch*
- *Nature-Joghurt/-Quark mit probiotischen Bakterien*: Joghurt kann das Gleichgewicht der Darmflora unterstützen. Es enthält im Normalfall wenig Milchzucker (insbesondere griechische Joghurts) und ist leicht verdaulich. Vermeiden Sie Frucht- und andere aromatisierte Joghurts, denn diese enthalten viel Zucker. Nature-Quark ist eine gute Alternative zu Nature-Joghurt und hat einen noch höheren Eiweiss-Anteil. Sie können Joghurt und Quark geschmacklich mit Beeren aufpeppen.
Sehr empfehlenswert ist das griechische Joghurt FAGE («Total» Griechisches Joghurt FAGE – Natur mit 5 % Fettanteil), welches sehr leicht verdaulich ist. Es enthält viel Protein und Ballaststoffe. Und noch etwas: Vergewissern Sie sich, dass im Joghurt Fett enthalten ist! Denn Milchprodukte ohne Fett werden im Körper als Kohlenhydrat wahrgenommen und steigern daher den Insulin-Spiegel im Blut.

Salze

Zum Kochen empfehlen wir Meersalz, da es naturbelassen ist. Es ist in den meisten Geschäften oder Supermärkten in zwei Korngrössen erhältlich: grobkörnig für das Salzen von kochendem Wasser; feinkörnig zum Würzen von gekochten Speisen. Feinkörniges Salz ist oft auch mit getrockneten Kräutern als Kräutermeersalz erhältlich.
Um Rohkost zu würzen eignet sich Himalayasalz ausgezeichnet.

Senf

Herkömmlicher Senf enthält Zucker und in den meisten Senfpulvern sind Geschmacksverstärker enthalten. Beides eignet sich daher nicht für die Paleo-Küche. Bereiten Sie den Senf lieber selbst zu, denn das geht schnell und ist einfach:

- gelbe Senfkörner oder gelbes Senfpulver kaufen (Kräutergeschäft)
- Senfkörner mahlen oder im Mörser reiben
- so viel Wasser zugeben, bis die Masse bedeckt ist
- wenig Essig und Himalayasalz beigeben

- nach Wunsch frisch gehackte Petersilie, Basilikum, etwas Zitronensaft oder abgeriebene Schale einer unbehandelten Zitrone beigeben
- in Einmachglas mit Schraubverschluss füllen, verschliessen und im Kühlschrank aufbewahren (ca. einen Monat haltbar)
- am nächsten Tag allenfalls noch etwas Wasser beigeben

Am Anfang ist der Senf relativ scharf, wird jedoch mit der Zeit milder. Der aus den Körnern erstellte Senf eignet sich gut als Fleischmarinade. Der aus dem Pulver gemachte kann aufgrund seiner feineren Konsistenz auch in Rohspeisen (Salatsauce etc.) verwendet werden.

Tee

Ungesüsster Tee ist eine gute Alternative zu Wasser. Er kann warm, lauwarm oder kalt getrunken werden. Wir empfehlen Ihnen, auf Bio-Sorten in loser Form zu setzen, da diese nicht gespritzt wurden. Bio-Tee können Sie in spezialisierten Geschäften, Drogerien, Apotheken und auch im Internet bestellen.

Die wichtigsten Sorten sind:
- *Ginseng-Tee* (fein geschnittene Wurzel): Er wird oft als chinesische Wunderwurzel bezeichnet und wirkt vitalisierend. Giessen Sie zwei bis drei Teelöffel fein geschnittene Ginsengwurzel mit einem Viertel Liter kochendem Wasser auf und lassen Sie den Tee 8 bis 10 Minuten ziehen.
- *Grüntee*: Dieser gilt im asiatischen Raum schon lange als Jungbrunnen. Er hat nachweislich positive Eigenschaften auf die Gesundheit und kann beim Abnehmen helfen, da er die Fettverbrennung unterstützt. Wichtig für die Zubereitung: Nicht zu heiss aufgiessen (70 °C bis 80 °C), da sonst wertvolle Inhaltsstoffe verloren gehen und der Tee bitter wird. Auch mit der traditionellen chinesischen Zubereitung können Sie Bitterkeit vermeiden: Giessen Sie den Tee mit wenig heissem Wasser auf und schütten Sie diesen ersten Aufguss weg. Lassen Sie den zweiten Aufguss zwischen 2 bis 5 Minuten ziehen (je nach Sorte). Als beste Sorten gelten: Japanischer Gyokuro und Japanischer Sencha. Beachten Sie die optimale Ziehdauer auf der Packung und denken Sie daran, dass Grüntee Koffein enthält.
- *Ingwer-Tee aus frischer Wurzel*: Ingwer enthält neben ätherischem Öl auch Vitamin C und Mineralien. Er eignet sich besonders gut dazu, um das Immunsystem anzuregen und Erkältungen vorzubeugen oder die Symptome einer bestehenden Erkrankung zu lindern. Lagern Sie die Wurzel am besten im Gemüsefach des Kühlschranks. Zubereitung: Schälen Sie den Ingwer und reiben Sie ihn an der Gemüseraspel oder schneiden Sie ihn in sehr dünne Scheiben. Giessen Sie ihn mit heissem Wasser (nicht sprudelnd) auf und lassen ihn 10 bis 15 Minuten ziehen. Sie können Ihrem ausgekühlten Ingwer-Tee etwas Zitronen- oder Limettensaft beigeben.

- *Weisser Tee*: Er gilt als die exklusivste Teesorte der Welt, da seine Herstellung und Zubereitung besonders schonend sind. Seinen Namen erhielt dieser Tee aufgrund seines silbrigen Flaumes, der die Teeknospen umschliesst. Weissem Tee werden gesundheitsfördernde Eigenschaften zugeschrieben: So soll er unter anderem das Immunsystem stärken, den Stoffwechsel (Fettverbrennung) anregen und eine blutdrucksenkende Wirkung haben. Weisser Tee hat ein süssliches Aroma. Zubereitung: Giessen Sie weissen Tee nicht zu heiss auf (in der Regel rund 75 °C). Da weisser Tee nicht bitter wird, können Sie die Blätter in der Kanne mehrmals aufgiessen. Die beliebtesten Sorten sind: grossblättriger Pai Mu Tan (aus dem chinesischen: «Weisse Pfingstrose») und Yin Zhen (deutsch Silbernadel). Weisser Tee enthält Koffein.
- *Zimt-Tee*: Er hat unter anderem eine immunstimulierende und antibakterielle Wirkung, hilft bei Monatsbeschwerden und scheint auch den Blutzuckerspiegel positiv zu beeinflussen. Zudem stillt er die Lust nach Süssem. Zimt-Tee wird vielfach mit anderen Kräutern gemischt. Zubereitung (für zwei Personen): Brechen Sie zwei bis vier Zimtstangen in zwei bis drei Stücke, giessen Sie sie mit fünf bis sechs Deziliter heissem Wasser auf und lassen Sie das Ganze rund 10 Minuten ziehen. Sie können diesen Tee mit anderen Sorten mischen.
- *Teemischung aus frischem Rosmarin und Thymian*: Die Öle dieser beiden Kräuter wirken vitalisierend und beeinflussen die Konzentrationsfähigkeit positiv. Dieser Tee ist koffeinfrei. Zubereitung: Eine beliebige Menge frischer Bio-Kräuter mit kochendem Wasser aufgiessen und rund 5 bis 10 Minuten ziehen lassen.

Zitronen und Limetten

Diese sind ausgezeichnete Vitamin-C-Lieferanten. Würzen Sie – wenn immer es passt – Fisch, Fleisch, Salate, Früchte mit Zitronen- oder Limettensaft, pressen Sie etwas Saft zu Ihren Frühstücks-Beeren oder geben Sie eine Scheibe ins Trinkwasser. Da Vitamin C anregend wirkt, sollten Sie abends auf Zitronen- und Limettensaft verzichten.

DAS KOCHBUCH

Dieses Kochbuch richtet sich an Menschen, die sich gemäss Paleo ernähren möchten. Unsere Gerichte – die ich alle selbst gekocht und notiert habe – eignen sich für Menschen, die überschüssige Kilos loswerden und dauerhaft schlank bleiben möchten. Und das ohne zu hungern! Sie richten sich aber auch an jene Personen, die sich natürlich und gesund ernähren möchten.

Gesundes aus Natürlichem
In unseren Rezepten verwenden wir natürliche Lebensmittel – nach Möglichkeit aus biologischer Produktion – und verzichten mehrheitlich auf Getreideprodukte, Zucker und alle verarbeiteten oder künstlich hergestellten Lebensmittel. Wir haben zudem Zutaten gewählt, die sich einfach finden lassen: im Handel, auf dem Biohof, bei Ihrem Dorfmetzger, im Reformhaus oder in Ihrem eigenen Garten.

Unser Kochbuch beinhaltet viele alltagstaugliche Rezepte, die einfach zu kochen und zu kombinieren sind. Alle Gerichte sind auch für Personen geeignet, welche an Glutenunverträglichkeit (Zöliakie) oder unter Laktoseintoleranz leiden und die meisten Rezepte (ausser die Nachspeisen) zudem für Leute mit Diabetes. In unseren Rezepten verzichten wir mit einer Ausnahme (Joghurt und Quark) auf Milchprodukte.

Sollten Sie unter komplexen gesundheitlichen Problemen leiden, besprechen Sie bitte vorgängig mit Ihrem Arzt, ob und inwiefern sich die Paleo-Küche für Sie eignet.

Nun wünschen wir Ihnen viel Spass beim Kochen und beim Essen!

Ihre Monica Schlatter

SUPPEN

- Frisches Gemüse nur kurz, aber gründlich mit kaltem Wasser waschen und erst danach klein schneiden (Pilze, wenn möglich, nur mit Pinsel reinigen).
- Tiefkühlgemüse ist eine gute Alternative (keine Dosenwaren).
- Suppen aus Resten zaubern: Gekochtes Gemüse entweder als Einlage oder für ein püriertes Süppchen verwenden. Für die Verwendung von rohen Gemüseresten siehe Suppeneinlagen (unter «Kraftbrühe»). Übrig gebliebene kleine Fleischstücke, Hackfleischfrikadellen, Fische und Meeresfrüchte erst am Schluss beifügen und nur kurz aufwärmen. Omelettenreste in Streifen oder Würfelchen schneiden, anrichten und mit Brühe auffüllen. Ausprobieren lohnt sich.

Suppen können problemlos tiefgekühlt werden. Es macht daher Sinn, grössere Mengen herzustellen. In der kalten Jahreszeit dienen die «Seelenwärmer» als ideale Vor- oder Hauptspeise (etwa drei Monate haltbar).

Gazpachos (kalte Suppen) sind im Sommer leicht, erfrischend, sehr vitaminreich und zudem einfach und schnell zubereitet. Ideal zum Mitnehmen.

Bouillon In den meisten Bouillons sind heutzutage billige Inhaltsstoffe wie Glutamat und E-Stoffe enthalten und dafür weniger teures Gemüse, Fleisch etc. Am besten erkundigen Sie sich in einem Gewürzladen, Reformhaus oder Bioladen nach geeigneten Produkten. Wir haben bei unseren Rezepten – wenn immer möglich – Bouillon mit gesalzenem Wasser ersetzt. Brühe für unsere Rezepte stellen wir in der Regel her, indem wir kaltem Wasser Bouillonwürfel oder -pulver zugeben und diese Flüssigkeit aufkochen.

Tipp

Gerade zur kalten Jahreszeit sollte eine selbstgemachte Hühnersuppe öfter mal auf den Tisch kommen. Was Oma schon wusste, scheint die heutige Forschung zu bestätigen: Hühnersuppe wirkt entzündungshemmend. Darüber hinaus enthält sie viele gesunde Inhaltsstoffe – das gibt Power für das geschwächte Immunsystem und hilft bei Erkältungen. Die Rezepte für selbstgemachte, gesunde Kraftbrühen finden Sie gleich am Anfang dieses Kapitels.

KRAFTBRÜHE

Vor- und Zubereitung: 20 Minuten
Köcheln: 2 Stunden

1 Huhn (etwa 1.2 kg)
1 Knollensellerie, klein
1 Selleriestange
1 Lauchstange
1 Karotte
5 bis 6 Petersilienstiele oder
1 Petersilienwurzel
1 Zwiebel
1 Nelke
8 Pfefferkörner schwarz
Meersalz

1 Huhn kalt abbrausen, mit Küchenpapier innen und aussen trocken tupfen. Eventuell Fettdrüse am Schwanz abschneiden: Bleibt diese dran, könnte die Hühnersuppe einen etwas tranigen Geschmack bekommen. In einen grossen Kochtopf legen.

2 Für das Suppengrün Knollensellerie schälen und grob würfeln. Selleriestange mit dem Grün halbieren. Grobfasrige Teile beim Lauch entfernen, Stange halbieren. Karotte in grobe Stücke schneiden. Knollenselleriewürfel, Selleriestange- und Lauchhälften, Karottenstücke und Petersilienstiele oder –wurzel zum Huhn geben.

3 Ungeschälte Zwiebel mit Nelke bestecken, mit Pfefferkörnern und Meersalz in 3 Liter Wasser aufkochen. Kochtopf bis auf einen kleinen Spalt zudecken und Inhalt etwa 2 Stunden leicht köcheln lassen. Eventuell braucht es zusätzliches Salz. Den Topfinhalt durch ein mit einem Mulltuch ausgelegtem grossen Sieb in einen Kochtopf abseihen.

Vorrat: Brühe portionenweise tiefkühlen (2.5 dl bis 3 dl pro Person, 6 Monate haltbar).

Tipp: Hühnerfleisch in Stücke zupfen und als Suppeneinlage verwenden, kalt auf Salatteller anrichten oder einen Geflügelsalat damit zubereiten (Hühnerstücke mit Kräutern, Oliven, Salatgurke, Selleriestange, Tomate, Walnüssen, Zwiebel etc. und einer Sauce aus Rotweinessig, Olivenöl, Himalayasalz und Pfeffer vermengen).

Entfetten

Man lässt die Brühe etwas abkühlen und schöpft die Fettaugen mit einem Löffel von der Oberfläche ab. Fast völlig entfettete Brühe erhält man, wenn diese vollständig erkaltet ist. Man hebt die weisse Fettschicht mit einer Gabel ab und seiht die Brühe noch einmal durch.

Klären

Um die Hühner- oder Rinderbrühe zu klären, verquirlen Sie 2 Eiweisse und rühren diese in die warme Brühe ein. Lassen Sie diese aufkochen. Die feinen Eiweisspartikel, die sich dabei bilden, binden die Trübstoffe und müssen abgeschöpft werden. Anschliessend durch ein Mulltuch abseihen (kann auch vorher zuerst entfettet werden).

Extrakt

Die entfettete, geklärte Brühe im offenen Topf so lange bei schwacher Hitze kochen, bis sich die Flüssigkeit um etwa ein Drittel reduziert hat. Portionieren, in Eiswürfelschalen füllen und einfrieren lassen.

Variationen

Für *Rinderbrühe* 1.5 kg mageres Rindfleisch und 2 Suppenknochen oder Markbein verwenden. Knochen in kaltes Wasser geben und aufkochen. Fleisch zugeben und kurz ziehen lassen, bis die Poren geschlossen sind. Mit Lochkelle alles aus dem Wasser heben und den braunen Schaum abspülen. In der Zwischenzeit in einem anderen grossen Kochtopf etwa 2.5 Liter kaltes Wasser (sollte Fleisch gut bedecken) mit Suppengrün und Meersalz aufkochen, abgespültes Fleisch und Knochen zugeben. Bis auf einen kleinen Spalt zudecken und bei schwacher Hitze etwa 2 Stunden köcheln lassen. Abseihen. Als Alternative eignet sich die Brühe aus dem Siedfleisch-Rezept (Rezept siehe Kapitel «Fleisch»).

Eine *Fischbrühe* bereitet man aus frischen und gewaschenen Fischabschnitten wie Flossen, Gräten, Köpfen und Schwänzen zu. Als Gemüseeinlage eignen sich die gleichen Zutaten wie bei der Kraftbrühe (eventuell eine halbierte Tomate dazugeben). Alles mit wenig Meersalz würzen. Mit kaltem Wasser knapp bedecken, aufkochen und halb zugedeckt bei schwacher Hitze etwa 20 Minuten köcheln lassen. Heiss abseihen, da sie sonst lehmig wird. Dabei Fischköpfe etwas zerdrücken, da diese sehr aromatisch sind.

Gemüsebrühe wird aus 1.5 kg Suppengemüse (nach Belieben, eventuell ein paar Pilze reinmischen), 1 Zwiebel, 1 Bund gemischten Kräutern und Meersalz zubereitet. Alles zerkleinern und in 2 Esslöffel Olivenöl andünsten. Mit 1.5 Liter kaltem Wasser auffüllen (sollte Gemüse knapp bedecken), aufkochen und zugedeckt bei schwacher Hitze etwa 1 bis 1½ Stunden köcheln lassen. Abseihen. Eine Consommé erhalten Sie, wenn Sie die Brühe mit Eiweissen klären (meistens wird dann nur eine Sorte Gemüse verwendet, z.B. Broccoli, Blumenkohl etc.).

Suppeneinlagen

Brunoise sind etwa 3 mm kleine Würfel von Karotten, Knollen- und Stangensellerie, Lauch und Zucchetti etc. (einfacher: mit Küchenhäcksler klein hacken). Die Gemüsewürfel in wenig Butter andünsten, 1 bis 2 Esslöffel Wasser zugeben und zugedeckt 5 Minuten weich garen.

Chiffonade sind feine Streifen von zartem, grünem Salat, offen in wenig Butter gedünstet, bis die Eigenflüssigkeit verdampft ist. Auf Küchenpapier abtropfen lassen.

Ei Pro Person 1 Ei aufschlagen und in Suppenteller geben. Vorsichtig mit der siedenden Brühe auffüllen. Mit Schnittlauchröllchen oder fein gehackter, gekrauster Petersilie bestreuen.

Eierflädli Pro Person 1 Ei mit wenig fein gehackter, gekrauster Petersilie und/oder wenig klein geschnittenem Schnittlauch oder ein paar zerzupften Salbeiblättern, wenig Meersalz und 1 Esslöffel Mineralwasser mit Kohlensäure verquirlen. ½ Esslöffel Butter in kleiner Bratpfanne (Durchmesser 20 cm) erhitzen, Eimasse zugeben und bei mittlerer Hitze zugedeckt stocken lassen. Wenn sich die Omelette löst (mit Kochlöffel zuerst vom Pfannenrand lösen) und etwas braun gebraten ist (durch leichtes Anheben feststellen), auf einen flachen Teller oder flachen grossen Deckel gleiten lassen, wenden und die zweite Seite braten. Dabei Pfanne mehrmals hin- und herbewegen. Omelette auf ein Schneidebrett gleiten lassen, zusammenrollen und in feine Streifen schneiden, diese eventuell nochmals halbieren oder dritteln. In Suppenteller anrichten und mit heisser Gemüsebrühe auffüllen.

Eierflocken Pro Person ½ bis 1 Ei mit 1 Esslöffel Wasser, wenig Meersalz, wenig Muskatnuss verquirlen und in die leicht siedende Brühe geben. Topf von der Wärmequelle nehmen und mit dem Schwingbesen ständig rühren, bis die Mischung zu Flöckchen gerinnt. Eventuell wieder kurz auf die ausgeschaltete Wärmequelle stellen. Schnittlauchröllchen darüber streuen.

Julienne sind feine Streifen von rohem oder in Butter gedünstetem Gemüse (Karotte, Knollen- und Stangensellerie, Lauch, Zucchetti etc.).

EXKLUSIV: BEEF-TEA

Wenig Gemüse im Dampf weich garen und klein schneiden (nach Belieben; Karotten-, Knollensellerie-, Kohlrabi- und Zucchettistäbchen, Lauchringe, Stangenselleriescheiben, Tomatenwürfel, etc.). Rohes Rindsfilet in dünne Scheiben (etwa 20 g pro Person) mit Gemüse in grosse, elegante Teetassen verteilen. Rinderbrühe (am besten selbstgemacht) darüber giessen und Beef-Tea je mit einem Thymianzweig dekorieren.

AUBERGINEN-LINSEN-SUPPE

4 Personen

2 Auberginen, klein
1 Zwiebel
2 Knoblauchzehen
2 EL Olivenöl
Meersalz
150 g rote (orange) Linsen
1 l Gemüsebrühe
1 Fleischtomate
1 Prise Cayennepfeffer
Pfeffer aus Mühle
1 TL Petersilie, glatt

Vor- und Zubereitung: 35 Minuten

1 Enden der Auberginen kappen und Auberginen in etwa 1 cm grosse Würfel schneiden.
2 Zwiebel fein hacken und Knoblauch pressen. Im Olivenöl andünsten. Auberginenwürfelchen mitdünsten und mit Meersalz leicht würzen.
3 Linsen und Brühe zugeben, aufkochen. Linsen bei mittlerer Hitze zugedeckt etwa 15 Minuten weich garen.
4 Fleischtomate halbieren, Stielansatz entfernen, Tomate entkernen und Fruchtfleisch klein würfeln. Beifügen, kurz ziehen lassen. Abschmecken. Petersilie fein hacken und unterrühren.

Variation
Linsen weglassen und dafür 2 Fleischtomaten zugeben.
1 Zwiebel und 1 Knoblauch fein hacken und mit ein paar Speckwürfelchen ohne Fettzugabe andünsten. Suppe am Ende der Garzeit damit garnieren.

BÄRLAUCH-SUPPE

Vor- und Zubereitung: 15 Minuten

4 Personen

1 Brühe aufkochen.
2 Eier einzeln in eine kleine Schale oder Tasse aufschlagen und vorsichtig in die siedende Brühe gleiten lassen. Offen unter dem Siedepunkt 4 bis 5 Minuten ziehen lassen. Mit Lochkelle einzeln herausheben und je
eines in Suppenteller anrichten.
3 Bärlauchblätter grob zerzupfen oder schneiden und kurz
zur Brühe geben. Brühe mit Bärlauch zum Ei giessen.

1 l Gemüsebrühe
4 Eier
50 g Bärlauchblätter*

Variation
Eier weglassen.

* Bärlauch hat einen scharfen Geschmack nach Knoblauch. Würzt intensiv! Seine Inhaltsstoffe sind sehr emp-
findlich, er sollte nicht mitgekocht, sondern erst am Ende
der Garzeit dazugegeben werden. Im Gegensatz zum
Knoblauch verursacht Bärlauch keinen Körpergeruch.
Wenn die krautige Pflanze anfängt zu blühen, kann man
die Blätter nicht mehr verwenden, da sie zäh und fase-
rig werden. Bärlauch-Blätter können für den Vorrat nicht
getrocknet werden, da beim Trocknen die Wirkstoffe
und der Geschmack verloren gehen. Achtung vor Ver-
wechslung beim Selberpflücken: In nächster Nähe des
Krautes findet man oft ähnlich aussehende Giftpflanzen.
Dabei handelt es sich um Maiglöckchen und um Herbstzeitlose, die zwar erst im Herbst blühen, deren Blätter
aber im Frühling schon wachsen. Herbstzeitlose enthalten ein arsenähnliches Gift. Das wichtigste Unterschei-
dungsmerkmal: Nur der Bärlauch riecht beim Verreiben
der Blätter nach Knoblauch.

BROCCOLI-KAROTTEN-SUPPE

4 Personen

600 g Broccoli
600 g Karotten
1 Schalotte
2 EL Olivenöl
1 l Gemüsebrühe
Meersalz

Vor- und Zubereitung: 30 Minuten

1 Broccoli in Röschen teilen und Stiel schälen. Karotten schälen und grob schneiden.
2 Schalotte grob schneiden und im Olivenöl andünsten. Broccoli- und Karottenstücke mitdünsten.
3 Brühe angiessen, aufkochen und Gemüse bei mittlerer Hitze zugedeckt weich garen. Pürieren und abschmecken.

Tipp: Mit einem Esslöffel griechischem Joghurt oder Quark verfeinern.

BROCCOLI-SUPPE

4 Personen

1 l Gemüsebrühe
1 kg Broccoli
1 Bund Petersilie, glatt
Meersalz
wenig Pfeffer aus Mühle
1 Handvoll Mandelblättchen

Vor- und Zubereitung: 20 Minuten

1 Brühe aufkochen.
2 Broccoli in Röschen teilen und Stiel schälen. Petersilie entstielen. Broccoliröschen und Petersilienblätter zugeben, aufkochen und bei mittlerer Hitze zugedeckt weich garen. Pürieren und abschmecken.
3 Mandelblättchen ohne Fettzugabe rösten und Suppe damit garnieren.

FISCH-SUPPE

Vor- und Zubereitung: 40 Minuten

8 bis 10 Personen

1 Rot-, Nilbarsch und Dorsch kalt abbrausen, mit Küchenpapier abtupfen. In mundgerechte Stücke schneiden.

2 Zwiebel und Knoblauch fein hacken und im Olivenöl andünsten. Geschnittene Fischfilets bei mittlerer Hitze (eventuell portionenweise) vorsichtig anbraten.

3 Brühe, Lorbeerblatt und Safranfäden beifügen, aufkochen und bei schwacher Hitze zugedeckt etwa 15 Minuten köcheln lassen.

4 Rotzungenfilets, Crevetten und gemischte Meeresfrüchte oder Muscheln kalt abbrausen (offene Muscheln aussortieren) und mit Küchenpapier abtupfen. Fischfilets grob zerkleinern und mit den restlichen Meerestieren und Tomaten zugeben. Bei schwacher Hitze zugedeckt 10 Minuten ziehen lassen. Abschmecken.

Variation mit mehr Gemüse
Wenig Lauch, 1 kleine Karotte und 1 kleine Selleriestange ohne Grün in Julienne oder fein geschnitten mit Zwiebel und Knoblauch zusammen andünsten.

Rest: Am nächsten Tag mit frischen Fischen und Cherrytomaten zubereiten oder tiefkühlen und zu einem späteren Zeitpunkt frische Fische und Tomaten zugeben.

Tipp: Mit grob geschnittenem Schnittlauch servieren.

200 - 300 g Rotbarschfilets
200 - 300 g Nilbarschfilets
200 - 300 g Dorschrückenfilets
1 Zwiebel
1 Knoblauchzehe
6 EL Olivenöl
2.5 l Gemüsebrühe
1 Lorbeerblatt
ein paar Safranfäden
200 - 300 g Rotzungenfilets
200 - 300 g Riesencrevettenschwänze, roh und geschält
300 g Meeresfrüchte gemischt oder 300 g Miesmuscheln, Venusmuscheln
(Vongole), etc., küchenfertig
15 bis 20 Cherrytomaten
Meersalz
Pfeffer aus Mühle

FISCH-GEMÜSE-SUPPE

Vor- und Zubereitung: 40 Minuten

4 Personen

1 Fenchel längs vierteln und Strunk entfernen, Karotte schälen, Paprikaschote entkernen und weisse Rippen entfernen, Zucchetti beidseitig kappen, längs halbieren und entkernen. Gemüse in etwa 1 cm grosse Quadrate schneiden.

2 Zwiebel und Knoblauch fein hacken und in der Butter andünsten. Gemüsequadrate mitdünsten.

3 Brühe angiessen, aufkochen. Gemüse bei mittlerer Hitze etwa 15 Minuten zugedeckt garen.

4 Tomate halbieren, Stielansatz entfernen, Tomate entkernen und Fruchtfleisch würfeln. Rotzungenfilets kalt abbrausen, mit Küchenpapier abtupfen. Quer in 1 cm breite Streifen schneiden. Tomatenwürfel und Fischstreifen beifügen und bei schwacher Hitze zugedeckt 5 Minuten ziehen lassen. Abschmecken.

5 Anrichten, mit Schnittlauchröllchen bestreuen.

Variation
Pro Person 1 Ei einzeln in eine kleine Schüssel oder Tasse aufschlagen und vorsichtig in Suppenteller gleiten lassen. Mit Suppe auffüllen.

Tipp: Basilikumpesto darauf anrichten: Für etwa 8 Personen 30 g oder 80 bis 90 Basilikumblätter, 15 g Pinienkerne (für einen intensiveren Geschmack ohne Fettzugabe rösten), 3 kleine Knoblauchzehen, 0.5 dl Olivenöl und wenig Himalayasalz zu einer dickflüssigen Paste pürieren oder im Mörser zerstossen. Pesto kann portionenweise in Eiswürfelschalen tiefgekühlt werden.

1 Fenchelknolle, klein
1 Karotte, klein
1 gelbe Paprikaschote, klein
1 Zucchetti, klein
1 Zwiebel
1 Knoblauchzehe
1 EL Butter
1 l Gemüsebrühe
1 Tomate, klein
200 bis 300 g Rotzungenfilets (oder andere weisse Fischfilets)
1 Prise Cayennepfeffer
Meersalz
wenig Pfeffer aus Mühle
etwas Schnittlauch

GAZPACHO GELB

4 Personen

1 kg gelbe Cherrytomaten
1 gelbe Paprikaschote
½ Salatgurke
1 Schalotte
1 Knoblauchzehe
8 Basilikumblätter
3 bis 4 EL Olivenöl
Meersalz
Pfeffer aus Mühle

Vor- und Zubereitung: 20 Minuten
Kühl stellen: mindestens 1 Stunde

1 Tomaten halbieren. Paprikaschoten mit Sparschäler etwas schälen, entkernen und weisse Rippen entfernen, grob würfeln. Gurke schälen, längs halbieren und entkernen, Fruchtfleisch grob schneiden. Schalotte vierteln und Knoblauch dazupressen.
2 Basilikumblätter, 2 Esslöffel Olivenöl und 4 dl kaltes Wasser zugeben, alles gut pürieren. Portionenweise durch ein feines Sieb streichen (am schnellsten geht es, wenn man kleine Mengen in das Sieb gibt und es schnell hin- und herbewegt). Zugedeckt kühl stellen.
3 Kurz vor dem Servieren abschmecken und anrichten. Wenig Olivenöl in jeden Suppenteller träufeln.

Tipps: Als Einlage eignen sich klein gewürfelte Zwiebeln, Paprikaschoten, Gurken und Tomaten.
Geeignet zum Mitnehmen.

GAZPACHO ORANGE

Vor- und Zubereitung: 20 Minuten
Kühl stellen: mindestens 1 Stunde

4 Personen

1 Paprikaschoten mit Sparschäler etwas schälen, entkernen und weisse Rippen entfernen. Gurke schälen, längs halbieren und entkernen. Tomaten halbieren, Stielansatz entfernen. Gemüse grob würfeln. Zwiebeln vierteln und Knoblauch dazupressen.

2 Rotweinessig, 3 Esslöffel Olivenöl, Sesam- oder Leinsamen und 2.5 dl kaltes Wasser zugeben, alles gut pürieren. Portionenweise durch ein feines Sieb streichen (am schnellsten geht es, wenn man kleine Mengen in das Sieb gibt und es schnell hin- und herbewegt). Zugedeckt in den Kühlschrank stellen.

3 Kurz vor dem Servieren abschmecken und anrichten. Wenig Olivenöl in jeden Suppenteller träufeln.

Tipps: Als Einlage eignen sich klein gewürfelte Zwiebeln, Paprikaschoten, Gurken und Tomaten.
Geeignet zum Mitnehmen.

je 1 grüne und rote Paprikaschote
½ Salatgurke
4 aromatische Tomaten
½ Zwiebel
1 Frühlingszwiebel
1 Knoblauchzehe
2 EL Rotweinessig
4 bis 5 EL Olivenöl
2 EL Sesam- oder Leinsamen
Meersalz
Pfeffer aus Mühle

GEMÜSE-SUPPE MIT HÜHNERBRUST

4 Personen

Vor- und Zubereitung: 30 Minuten

2 Karotten
2 Lauchstangen
½ Zwiebel
1 EL Butter
1 l Hühnerbrühe, kräftig
1 Lorbeerblatt
2 Hühnerbrüstchen
Meersalz
Pfeffer aus Mühle
Petersilie gekraust

1 Karotten schälen und in dünne Scheiben schneiden. Grobfasrige Teile beim Lauch entfernen und Stangen in dünne Ringe schneiden. Zwiebel fein hacken. Gemüse in der Butter andünsten.
2 Brühe und Lorbeer zugeben, aufkochen. Bei mittlerer Hitze etwa 10 Minuten köcheln lassen.
3 Hühnerbrüstchen kalt abbrausen, mit Küchenpapier abtupfen. In Würfel schneiden. Beifügen und zugedeckt bei schwacher Hitze garen. Abschmecken.
4 Lorbeer entfernen. Suppe anrichten und mit gehackter Petersilie garnieren.

KOHLRABI-SUPPE

4 Personen

Vor- und Zubereitung: 30 Minuten

800 g Kohlrabi
2 Schalotten
1 EL Butter
7 dl Gemüsebrühe
1 Kohlrabi- oder Kerbelblatt
Meersalz

1 Kohlrabi schälen und grob schneiden. Schalotten grob hacken und in der Butter andünsten. Kohlrabistücke etwa 5 Minuten mitdünsten.
2 Brühe angiessen, aufkochen und Gemüse bei mittlerer Hitze zugedeckt weich garen.
3 Kohlrabi- oder Kerbelblatt beifügen, kurz ziehen lassen. Pürieren und abschmecken.

GEMÜSE-SUPPE
MIT HUHN UND BOHNEN

Vor- und Zubereitung: 1 ¼ Stunden
Am Vortag: Bohnen einweichen
Gemüsemischung eventuell antauen lassen

4 Personen

50 g Borlotti-Bohnen, getrocknet

1 l Hühnerbrühe, kräftig

1 EL Currypulver, mild

4 Hühnerunterschenkel (mit oder ohne Knochen)

500 g Gemüsemischung (Wintergemüse, Gartengemüse etc.), tiefgekühlt und gerüstet

Meersalz

1 Borlotti-Bohnen über Nacht in reichlich Wasser einlegen. Wasser weggiessen und Bohnen kalt abbrausen. Mit etwa 5-facher Wassermenge aufkochen, bei mittlerer Hitze etwa 1 ¼ Stunden zugedeckt weich garen. Abgiessen und beiseite stellen.
2 Inzwischen Brühe mit Curry aufkochen.
3 Hühnerunterschenkel schälen, kalt abbrausen, mit Küchenpapier abtupfen. Zugeben. Bis vors Kochen bringen. Hitze reduzieren und unter dem Siedepunkt zugedeckt 15 Minuten ziehen lassen (Brühe sollte sich nur leicht bewegen, und es sollten kleine Blasen aufsteigen).
4 Gemüsemischung beifügen und nochmals zugedeckt etwa 25 Minuten ziehen lassen. Bohnen beifügen und weitere 5 Minuten ziehen lassen. Abschmecken.

Variation
Frisches Gemüse verwenden (Blumenkohl, Broccoli, Karotten, Kohlrabi, Lauch, Sellerie, Wirz, Zucchetti etc.).

Rest: Kann ohne Hühnerfleisch püriert oder durch das Passe-Vite gedreht/die Kartoffelpresse gedrückt werden.

GULASCH-SUPPE MIT RINDFLEISCH

4 Personen

2 Fleischtomaten

2 grüne Paprikaschoten (oder je 1 grüne und rote)

3 Zwiebeln

2 EL Butter

500 g Rinderschulter, gewürfelt (2 cm)

1 Thymianzweig, klein

1 TL Paprikapulver, süss

Meersalz

Pfeffer aus Mühle

Vor- und Zubereitung: 20 Minuten
Köcheln: 1 Stunde

1 Tomaten am Stielansatz kreuzweise einschneiden, in siedendes Wasser tauchen, bis sich die Haut löst, mit kaltem Wasser abschrecken, schälen, Stielansatz entfernen und Tomaten entkernen. Fruchtfleisch vierteln. Paprikaschoten entkernen, weisse Rippen entfernen, vierteln und in Streifen schneiden. Beiseite stellen.

2 Zwiebeln halbieren, in feine Streifen schneiden und in der Butter andünsten.

3 Rinderschulter zugeben und offen bei mittlerer Hitze von allen Seiten 10 Minuten braten. Mit Thymian, Paprika und Meersalz abschmecken.

4 Tomatenviertel und Paprikaschotenstreifen mit 7.5 dl Wasser beifügen, aufkochen und bei mittlerer Hitze etwa 1 Stunde zugedeckt köcheln lassen. Mit Pfeffer abschmecken.

KALTE GURKENSUPPE
MIT LACHSSTREIFEN

Vor- und Zubereitung: 20 Minuten
Kühl stellen: mindestens 1 Stunde

4 Personen

1 Gurken schälen, längs halbieren und entkernen. Das Fruchtfleisch grob würfeln. Zwiebeln in Stücke schneiden. Knoblauch dazupressen.
2 2 dl Wasser mit Rotweinessig angiessen. Pürieren. Dill fein schneiden und eine Prise davon unterrühren. Abschmecken und zugedeckt kühl stellen.
3 Lachs in feine Streifen schneiden. Zitrone dazupressen und mit restlichem Dill vermengen. Kurz ziehen lassen, in Suppenteller anrichten. Mit der kalten Suppe auffüllen.

2 Salatgurken
2 Frühlingszwiebeln
1 Knoblauchzehe
1 EL Rotweinessig
1 TL Dill
Meersalz
Pfeffer aus Mühle
100 g Räucherlachs
1 Zitrone

KAROTTEN-KOKOS-SUPPE

Vor- und Zubereitung: 30 Minuten

4 Personen

1 Karotten und Ingwer schälen, grob schneiden und etwa 2 bis 3 Minuten in der Butter andünsten. Curry darüberstäuben und kurz mitdünsten.
2 Brühe und Kokosmilch angiessen, aufkochen und Karotten bei mittlerer Hitze zugedeckt weich garen. Pürieren und leicht würzen.
3 Kokosraspel in kleiner Bratpfanne ohne Fettzugabe hellbraun rösten. Inzwischen Suppe anrichten. Kokosraspel sofort aus Bratpfanne nehmen und Suppe damit bestreuen.

8 bis 10 Karotten, mittelgross
1 Ingwer, haselnussgross
2 EL Butter
1 EL Currypulver, mild
1 l Gemüsebrühe
2.5 dl Kokosmilch, ungesüsst
Meersalz, Pfeffer aus Mühle
2 EL Kokosraspel

KNÖDEL-TOMATEN-SUPPE

Vor- und Zubereitung: 25 Minuten   4 Personen

1 Brühe aufkochen.

2 Für die Knödel grobfasrige Teile beim Lauch entfernen und mit Petersilie fein hacken. Mit Hackfleisch und Ei gut kneten, bis eine kompakte Masse entsteht, würzen und ein paar kleine Kugeln formen. In wenig leicht siedendem Salzwasser oder im Dampf zugedeckt etwa 6 bis 8 Minuten gar ziehen lassen.

3 Tomaten halbieren, Stielansatz entfernen, Tomaten entkernen und Fruchtfleisch in sehr dünne Scheiben schneiden. Anrichten. Knödel dazulegen, mit heisser Brühe auffüllen.

1 l Hühnerbrühe

1 Lauchstange

etwas Petersilie, glatt oder gekraust

300 g Hackfleisch

1 Ei

Meersalz

wenig Pfeffer aus Mühle

4 Tomaten

KÜRBIS-SUPPE

4 Personen

Vor- und Zubereitung: 30 Minuten

500 g Kürbis (Muscade, Butternuss etc.)

200 g Karotten

150 g Knollensellerie

½ Apfel

1 Zwiebel, klein

1 TL Currypulver, mild

1 EL Butter

8 dl Gemüsebrühe

Meersalz

1 Prise Cayennepfeffer

1 bis 2 EL Kürbiskernöl

1 Kürbis schälen und entkernen. Karotten und Sellerie schälen. Gemüse grob würfeln. Apfel entkernen.
2 Zwiebel grob hacken und mit Curry in der Butter andünsten. Kürbis-, Karotten- und Selleriewürfel sowie Apfelhälfte mitdünsten.
3 Brühe angiessen, aufkochen und Gemüse bei schwacher Hitze zugedeckt weich garen. Pürieren.
4 Abschmecken und anrichten. Wenig Kürbiskernöl über Suppe träufeln.

Variationen
Basilikumpesto (Rezept siehe «Fisch-Gemüse-Suppe») darauf anrichten.
Kürbiskernöl weglassen und dafür mit 1 Esslöffel griechischem Joghurt oder Quark garnieren, geröstete Kerne oder Samen (Sonnenblumen-, Kürbis- und/oder Pinienkerne) darüber streuen.

KÜRBIS-SUPPE MIT KOKOSMILCH

Vor- und Zubereitung: 35 Minuten

4 Personen

1 Kürbis schälen, entkernen und grob würfeln. Karotten schälen und grob schneiden.
2 Ingwer schälen und mit Zwiebel und Knoblauch grob hacken. Im Olivenöl andünsten. Kürbiswürfel, Karottenstücke und Zitronengrasstängel mitdünsten.
3 Brühe angiessen, aufkochen und Gemüse bei mittlerer Hitze zugedeckt weich garen.
4 Peperoncino entkernen und mit Kokosmilch und Curry zugeben. Zitronengrasstängel entfernen, Suppe pürieren und abschmecken.

600 g Kürbis (Muscade, Butternuss etc.)
2 Karotten
1 Ingwer, haselnussgross
1 Zwiebel, klein
2 Knoblauchzehen
1 EL Olivenöl
1 bis 2 Zitronengrasstängel
5 dl Gemüsebrühe
¼ Peperoncino, frisch
4 dl Kokosmilch, ungesüsst
2 TL Currypulver, mild
Meersalz
Pfeffer aus Mühle

LACHS-RIESENCREVETTEN-SUPPE

4 Personen

2 Karotten

2 Fenchelknollen

1 EL Butter

1 l Gemüsebrühe

1 Ingwer, haselnussgross

2.5 dl Kokosmilch, ungesüsst

ein paar Safranfäden

1 Frühlingszwiebel

150 g Lachsfilet, ohne Haut

150 g Riesencrevetten-

schwänze, roh und geschält

Meersalz

Pfeffer aus Mühle

Vor- und Zubereitung: 30 Minuten

1 Karotten schälen, halbieren und längs in feine Stäb-chen schneiden. Fenchel längs vierteln, Strunk ent-fernen und quer in feine Streifen schneiden. Karot-tenstäbchen und Fenchelstreifen in der Butter etwa 5 Minuten andünsten.

2 Brühe angiessen und aufkochen. Ingwer schälen und fein reiben. Mit Kokosmilch und Safran zugeben und bei mittlerer Hitze etwa 10 Minuten zugedeckt kö-cheln lassen.

3 Zwiebel in dünne Ringe schneiden. Lachs kalt abbrau-sen, mit Küchenpapier abtupfen. In 2 cm breite Strei-fen schneiden. Crevetten kalt abbrausen, abtropfen lassen und halbieren. Zwiebelringe, Lachsstreifen und halbierte Crevetten beifügen und bei schwacher Hitze zugedeckt 5 bis 7 Minuten ziehen lassen. Abschme-cken.

MINESTRONE MIT TOMATENPESTO

Vor- und Zubereitung: 35 Minuten 4 Personen

1 Grobfasrige Teile beim Lauch entfernen und Stange in dünne Ringe schneiden. Sellerie ohne Grün in dünne Scheiben schneiden. Karotten schälen und grob würfeln.

2 Zwiebel und Knoblauch fein hacken und im Olivenöl andünsten. Lauchringe, Selleriescheiben und Karottenstücke mitdünsten.

3 Tomaten halbieren, Stielansatz entfernen, Tomaten entkernen und Fruchtfleisch grob würfeln. Petersilie fein hacken. Tomatenwürfel, Petersilie, Spinat und 1.25 Liter warmes Wasser zugeben. Mit Meersalz und Pfeffer abschmecken, aufkochen und bei mittlerer Hitze etwa 20 Minuten zugedeckt köcheln lassen.

4 Für den Pesto die getrockneten Tomaten abtropfen lassen und grob schneiden. Frische Tomate halbieren, Stielansatz entfernen, Tomate entkernen und Fruchtfleisch grob würfeln. Knoblauch grob schneiden. Mit Pinienkernen und Olivenöl pürieren.

5 Suppe anrichten und mit Tomatenpesto garnieren.

1 Lauchstange

2 Selleriestangen

2 Karotten

1 Zwiebel

2 Knoblauchzehen

2 EL Olivenöl

4 Tomaten, klein

wenig Petersilie, glatt

1 Handvoll Spinatblätter, frisch

Meersalz

Pfeffer aus Mühle

Tomatenpesto:

6 getrocknete, in Öl eingelegte Tomaten

1 Tomate, klein

2 Knoblauchzehen

3 EL Pinienkerne

3 EL Olivenöl

RIESENCREVETTEN-SUPPE

4 Personen

1 l Hühnerbrühe
1 Ingwer, haselnussgross
1 Schalotte
¼ Peperoncino, frisch
1 Zitrone oder Limette, unbehandelt
400 g Riesencrevetten-schwänze, roh und geschält
200 g Champignons
wenig Petersilie, glatt

Vor- und Zubereitung: 25 Minuten

1 Brühe aufkochen.
2 Ingwer schälen, Schalotte in dünne Ringe schneiden, Peperoncino entkernen und ein Stück Zitronen- oder Limettenschale abschneiden. Alles beifügen und bei mittlerer Hitze etwa 10 Minuten zugedeckt köcheln lassen.
3 Crevetten kalt abbrausen und abtropfen lassen, Pilze putzen und vierteln. Beides zur Brühe geben und zugedeckt 2 bis 3 Minuten ziehen lassen.
4 Petersilie grob schneiden und unterrühren. Mit wenig Zitronen- oder Limettensaft verfeinern. Ingwer, Peperoncino und Zitronen- oder Limettenschale entfernen.

ZUCCHETTI-TOMATEN-SUPPE

4 Personen

3 Tomaten
2 Zucchetti, klein
1 Zwiebel, gross
2 EL Olivenöl
2 Knoblauchzehen
7.5 dl Gemüsebrühe
1 Msp. Oregano, getrocknet
2 TL Balsamico-Essig, dunkel
Meersalz, Pfeffer aus Mühle

Vor- und Zubereitung: 45 Minuten

1 Tomaten am Stielansatz kreuzweise einschneiden, in siedendes Wasser tauchen, bis sich die Haut löst, mit kaltem Wasser abschrecken, schälen, Stielansatz entfernen und Tomaten entkernen. Fruchtfleisch würfeln. Zucchetti beidseitig kappen und klein würfeln.
2 Zwiebel fein hacken und im Olivenöl andünsten. Knoblauch dazupressen. Tomatenwürfel und Zucchettiwürfelchen mitdünsten.
3 Brühe angiessen und aufkochen. Bei mittlerer Hitze zugedeckt etwa 15 Minuten köcheln lassen. Mit Oregano, Balsamico-Essig, Meersalz und Pfeffer abrunden.

SPINAT-SUPPE MIT POCHIERTEM EI

Vor- und Zubereitung: 20 Minuten
Tiefgekühlten Spinat antauen lassen

4 Personen

1 Zwiebel
4 EL Butter
500 g Spinat, frisch oder
tiefgekühlt
1 Knoblauchzehe
1 l Gemüsebrühe
Meersalz
Pfeffer aus Mühle
0.5 dl Essig
4 Eier

1 Zwiebel fein hacken und in der Butter andünsten. Spinat mitdünsten.
2 Knoblauch dazupressen und Brühe angiessen. Kurz aufkochen und abschmecken.
3 Für die pochierten Eier 1 Liter Wasser mit Essig in einem schmalen Kochtopf aufkochen. Topf von der Wärmequelle nehmen. Eier einzeln in eine kleine Schale oder Tasse aufschlagen und vorsichtig ins leicht siedende Wasser gleiten lassen (sollten komplett mit Wasser bedeckt sein). Topf wieder auf die ausgeschaltete Wärmequelle stellen und Eier unter dem Siedepunkt etwa 4 bis 5 Minuten ziehen lassen. Mit Lochkelle einzeln herausheben und kurz in kaltes Wasser tauchen. Gut abtropfen lassen.
4 Suppe anrichten und je 1 pochiertes Ei hinzufügen.

VORSPEISEN

Essbare Blüten zum Verzieren von Speisen oder Tellerrändern

Blumen werden seit über 2000 Jahren in der Küche eingesetzt: Schon Römer, Azteken und Griechen verfeinerten ihre Gerichte mit kostbaren Blüten, in Asien zählen blumige Speisen zu Delikatessen. Auch in Europa sind essbare Blüten wieder in Mode. Folgende Sorten bereichern Vorspeisen und Salate: Aster, Begonie, Borretsch, Flammenblume, Gänseblümchen, Gladiole, Goldmelisse, Kapuzinerkresse, Ringelblume, Spornblume und Taglilie. Achten Sie beim Pflücken von Blüten unbedingt darauf, dass Sie ungespritzte Pflanzen verwenden. Am besten sind die Pflanzen vom eigenen Garten, Balkon oder der Terrasse, von Feldern oder Wiesen, die nicht in unmittelbarer Nähe von viel befahrenen Strassen, künstlich gedüngten Nutzfeldern oder in einem Pflanzenschutzgebiet liegen. Achtung: Nicht jede Blume ist essbar, manche sind sogar sehr giftig.

Übrigens: die Kapuzinerkresse (Tropaeolum majus) ist *die Arzneipflanze des Jahres 2013*. Seit 1999 wird dieser Titel vom «Studienkreis Entwicklungsgeschichte der Arzneipflanzenkunde» an der Universität Würzburg vergeben. Neben viel Vitamin C enthält sie Enzyme, welche Bakterien-, Viren- und Pilzwachstum hemmen und durchblutungsfördernd wirken. Mit Meerrettichwurzel wurde diese Blüte erfolgreich gegen Nasennebenhöhlenentzündungen, Bronchitis und akute Blasenentzündung angewendet. Das eingesetzte Präparat erwies sich als gleichwertig mit einer Standard-Antibiotika-Therapie. Eine seit 2010 durchgeführte Untersuchung legt sogar eine hemmende Wirkung gegen das Influenzavirus H1N1 nahe. Dieses grosse Potential gab dann auch den Ausschlag für die Wahl zur Arzneipflanze des Jahres 2013.

AUSWAHL EINFACHER
UND SCHNELL ZUBEREITETER VORSPEISEN

Vor- und Zubereitung: 5 Minuten

Avocado
Pro Person 1 reife Avocado schälen und halbieren, den Stein herauslösen und mit der Schnittfläche nach oben anrichten. Etwas Rotweinessig in Vertiefungen giessen und mit wenig Himalayasalz würzen.
Tipp: Ein paar Oliven gebraten oder Oliven-Snack (Rezepte siehe weiter hinten in diesem Kapitel) um Avocado herum verteilen. Kann auch als Beilage serviert werden.

Zwei Klassiker
Weniger wegen dem Rezept, als vielmehr weil man doch immer wieder vergisst, dass man so einfach und schnell eine leckere und stilvolle Vorspeise zaubern kann:

Räucherlachs
Pro Person 50 bis 80 g Räucherlachs auf Teller auslegen.
1 frische Zwiebel (gelb oder rot) in feine Ringe schneiden, über Lachs verteilen. Eventuell ein paar Kapern oder etwas Kresse in der Mitte anrichten. Wenig schwarzen Pfeffer draufmahlen oder Pfeffermühle bereitstellen. Zitronenschnitze dazu reichen.

Melone mit Rohschinken
Pro Person ½ reife Melone (Cantaloupe, Cavaillon, Charentais, Warzenmelone oder andere Melonensorten mit orangem Fruchtfleisch) entkernen und in Schnitze schneiden. Schale abschneiden, ganz dranlassen oder ¾ des Melonenfleischs von der Schale schneiden. In Teller auslegen. 3 bis 4 Scheiben Rohschinken pro Person locker darauf oder dazu legen oder Melone damit umwickeln. Wenig schwarzen Pfeffer (oder Papayakerne gemahlen, siehe Papaya gefüllt, Rezept unter «Nachspeisen») darübermahlen oder Pfeffermühle bereitstellen. Schön sieht es aus, wenn auf einzelnen Melonenschnitzen der Rohschinken mit einer auf einem Zahnstocher aufgespiessten Erdbeere, Himbeere oder zwei Heidelbeeren festgesteckt wird. Für Finger-Food das Melonenfleisch in Würfel schneiden, ein Stück Rohschinken darauf legen und mit Zahnstocher aufspiessen.

AUBERGINEN MIT VINAIGRETTE

Vor- und Zubereitung: 30 Minuten   2 Personen

1 Auberginen beidseitig kappen. Längs in 4 - 5 mm dicke Scheiben schneiden. Eine Seite mit Meersalz leicht würzen. Auf schräg gestelltem grossen Teller oder in Pastasieb etwa 10 Minuten abtropfen lassen. Abschütteln.

2 Für die Vinaigrette Knoblauch, Petersilie und Tomate fein hacken. Abschmecken mit Balsamico-Essig, Olivenöl, Meersalz und Pfeffer.

3 Grillpfanne mit wenig Olivenöl ausstreichen und erhitzen. Auberginenscheiben offen weich braten (sollten nur leicht braun werden, etwa je 2 Minuten pro Seite). Dabei immer wieder etwas Olivenöl zugeben. Auf Küchenpapier abtropfen lassen. Mit Vinaigrette bepinseln. 5 - 10 Minuten ziehen lassen. Lauwarm oder kalt servieren.

Rest: Vielseitig einsetzbar: als Beilage zu Fleisch und Fisch, als Garnitur auf Salatteller oder als Eingeklemmtes zwischen 2 glutenfreien Knäckebrotscheiben.

Tipps: Geeignet zum Mitnehmen.
Auf dem Grill zubereiten (Auberginen vorher mit wenig Olivenöl bepinseln).

2 Auberginen
Meersalz
Olivenöl

Vinaigrette:
2 Knoblauchzehen
reichlich Petersilie, glatt (oder gemischt mit Oregano und Basilikum)
1 Cherrytomate
1 Schuss Balsamico-Essig (weiss oder dunkel)
8 EL Olivenöl
Meersalz
wenig Pfeffer aus Mühle

Variation mit Tomatensauce (anstatt Vinaigrette)
2 Fleischtomaten am Stielansatz kreuzweise einschneiden, in siedendes Wasser tauchen, bis sich die Haut löst, mit kaltem Wasser abschrecken, schälen, Stielansatz entfernen und Tomaten entkernen. Fruchtfleisch klein würfeln. 1 geschälte Knoblauchzehe mit 1 Basilikumblatt in wenig Olivenöl kurz andünsten (Knoblauch darf nicht braun werden). Gewürfeltes Fruchtfleisch beifügen. Mit Meersalz würzen und etwa 15 Minuten offen köcheln lassen. Knoblauch entfernen und Sauce mit Gabel zerdrücken oder pürieren.

Zucchetti-Variation
Hat nur 20 Minuten Zubereitungszeit, da diese nicht mit Salz ziehen müssen.

AVOCADO MIT GRÜNFÜLLUNG

Vor- und Zubereitung: 15 Minuten

1 Avocados schälen und halbieren, Stein herauslösen.
2 Für die Grünfüllung Oliven, Sellerie ohne Grün, Zwiebel, Petersilie und Walnusskerne grob hacken.
3 Für die Sauce Zitronensaft pressen, mit Olivenöl mischen und würzen. Mit der Grünfüllung vermengen und die Masse in die Avocadovertiefungen füllen.

Tipp: Die gewürzte Grünfüllung eignet sich auch als Vinaigrette für gebratene weisse Fischfilets (Flunder, Rotzunge etc.).

2 Personen

2 reife Avocados

Grünfüllung:
50 g schwarze Oliven, entsteint
1 Selleriestange, klein
1 Frühlingszwiebel
1 EL Petersilie, glatt
2 Walnusskerne

Sauce:
½ Zitrone
2 EL Olivenöl
Himalayasalz
Pfeffer aus Mühle

AVOCADO-LACHS-TATAR

2 Personen

Vor- und Zubereitung: 15 Minuten

1 reife Avocado

200 g Räucherlachs

1 EL Schnittlauch

½ Zitrone

2 bis 3 EL Olivenöl

1 Prise Peperoncino aus

Mühle

Meersalz

Pfeffer aus Mühle

1 Blattsalat, klein

Sauce:

2 bis 3 EL Rotweinessig

2 bis 3 EL Olivenöl

Meersalz

1 Avocado schälen und halbieren, Stein herauslösen. Fruchtfleisch klein würfeln.

2 Lachs klein würfeln, Schnittlauch klein schneiden und Zitrone dazupressen. Mit Avocadowürfelchen mischen. Verfeinern mit Olivenöl und Peperoncino, bei Bedarf mit Meersalz und Pfeffer abrunden.

3 Salat in Blätter zerteilen und auf Teller auslegen.

4 Zutaten für die Sauce verrühren und auf Salatblätter träufeln. Avocado-Lachs-Tatar in der Mitte anrichten.

CARPACCIO AUS RINDFLEISCH
Englisches Rezept, eine Delikatesse!

Vor- und Zubereitung: 10 Minuten

2 Personen

1 Fleischscheiben zwischen eine Klarsichtfolie legen und mit einem Wallholz etwas flach drücken (funktioniert auch mit den Händen). Fleischscheiben auf Teller auslegen. Rucola zerzupfen und in der Mitte anrichten.

2 Pinienkerne ohne Fettzugabe rösten. Zwiebel in sehr kleine Würfel schneiden. Beides beiseite stellen.

3 Zitronensaft über Fleisch und Rucola giessen und alles mit wenig Olivenöl beträufeln. Mit frisch gemahlenem Meersalz und Pfeffer abrunden.

4 Pinienkerne und Zwiebelwürfelchen darüberstreuen. Zitronenschnitze dazu reichen.

200 g rohes Rindfleisch*,
etwa 1 ½ mm bis 2 mm dicke Scheiben
1 gehäufte Handvoll Rucola
2 EL Pinienkerne
½ rote Zwiebel
1 Zitrone, Saft
Olivenöl
Meersalz aus Mühle
Pfeffer aus Mühle
1 Zitrone, Schnitze

*Rindshuftfilet oder Rindsfilet verwenden.

Klassisches Rezept
Rohes Rindfleisch in hauchdünne Scheiben schneiden und auf Teller auslegen. Zerzupften Rucola in der Mitte anrichten. Mit etwas Zitronensaft, Olivenöl und Pfeffer abschmecken oder Zitronenschnitze, Olivenöl und Pfeffermühle bereitstellen. Eventuell ein paar Parmesanspäne darüber verteilen.

Tipp für das klassische Gericht
Das Fleisch muss vor dem Schneiden 30 Minuten in die Tiefkühltruhe. Wenn Sie keine Schneidemaschine besitzen, lassen Sie es vom Metzger schneiden (vorher informieren und bestellen).

CHAMPIGNONS AN TOMATENSAUCE

2 Personen

1 Fleischtomate
1 Knoblauchzehe
5 EL Olivenöl
1 Msp. Oregano, getrocknet
Meersalz
Pfeffer aus Mühle
500 g Champignons

Vor- und Zubereitung: 30 Minuten

1 Tomate am Stielansatz kreuzweise einschneiden, in siedendes Wasser tauchen, bis sich die Haut löst, mit kaltem Wasser abschrecken, schälen, Stielansatz entfernen und Tomate entkernen. Fruchtfleisch klein würfeln.

2 Knoblauch fein hacken und mit Tomatenwürfelchen in 3 Esslöffel Olivenöl andünsten. Mit Oregano, Meersalz und Pfeffer abrunden und zugedeckt weich garen.

3 Pilze putzen und in dünne Scheiben schneiden. In 2 Esslöffel Olivenöl scharf anbraten. Mit Meersalz würzen und bei starker Hitze offen braten, bis die Eigenflüssigkeit verdampft ist. Zu den Tomaten geben und vermengen. Warm oder kalt servieren.

Tipp: Geeignet zum Mitnehmen.

KRESSE-SALAT MIT LACHS

Vor- und Zubereitung: 10 Minuten
Marinieren: 15 Minuten

2 Personen

50 g Lachsfilet, ohne Haut

1 EL Zitronensaft

Pfeffer aus Mühle

1 Lachsfilet kalt abbrausen, mit Küchenpapier abtupfen. Quer in feine Streifen schneiden. Mit Zitronensaft und Pfeffer würzen. Zugedeckt im Kühlschrank marinieren.
2 Kresse anrichten. Sauce zubereiten und darüber träufeln.
3 Räucherlachsscheiben zu Rosetten formen und mit marinierten Lachsstreifen auf Kresse verteilen. Ei halbieren, Eigelb herauslösen, durch ein grobmaschiges Sieb (oder Pastasieb) streichen und Salat bestreuen. Eiweiss klein würfeln und um den Salat herum verteilen.

80 g Kresse

50 g Räucherlachs

1 Ei, hart gekocht

Sauce:

2 EL Rotweinessig

2 EL Olivenöl

Himalayasalz

PILZ-SALAT

Vor- und Zubereitung: 20 Minuten

2 Personen

1 Pilze putzen und grob zerkleinern. Rohschinken quer in feine Streifen schneiden und in 1 Esslöffel Olivenöl knusprig braten. Geschnittene Pilze kurz mitbraten.
2 Petersilie und Schnittlauch klein schneiden und zugeben. Mit Zitronensaft verfeinern und unter ständigem Bewegen offen weiterbraten, bis Pilze gar sind.
3 Mit Essig, restlichem Olivenöl, Meersalz und Pfeffer abschmecken. Kurz ziehen lassen. Pilze mit Lochkelle aus dem Sud heben und anrichten. Lauwarm servieren.

Tipp: Auf Salatblättern anrichten.

300 g Pilze gemischt (Champignons, Shiitake etc.)

30 g Rohschinken

5 EL Olivenöl

1 EL Petersilie, glatt

1 EL Schnittlauch

1 TL Zitronensaft

4 EL Rotwein- oder Balsamico-Essig, weiss

Meersalz, Pfeffer aus Mühle

LACHSFILET-CARPACCIO

Vor- und Zubereitung: 15 Minuten

2 Personen

1 Lachs kalt abbrausen, mit Küchenpapier abtupfen. Quer in sehr feine Streifen schneiden. Auf Teller auslegen.

2 Für die Sauce Dill oder Petersilie klein schneiden, Zitronensaft und Olivenöl untermischen. Mit Meersalz und wenig Pfeffer abschmecken. Lachsscheiben mit der Sauce einstreichen, kurz ziehen lassen. Restliche Sauce beiseite stellen.

3 Zucchetti beidseitig kappen, längs halbieren, entkernen und Fruchtfleisch klein würfeln. Mit restlicher Sauce vermengen. Bei Bedarf nachwürzen und in der Mitte anrichten oder darüber verteilen.

4 Zitronenschnitze dazu servieren.

200 g Lachsfilet, sehr frisch
1 Zucchetti, klein
1 Zitrone

Sauce:
1 TL Dill oder Petersilie, glatt
2 EL Zitronensaft
6 EL Olivenöl
Meersalz
Pfeffer aus Mühle

LACHS-TOMATEN-AVOCADO-TRIO

2 Personen

2 reife Avocados
250 g Cherrytomaten
Himalayasalz
200 g Räucherlachs
Pfeffer aus Mühle
wenig Petersilie, glatt oder
Koriander

Sauce:
wenig Peperoncino, frisch
1 Schalotte
1 Limette
4 EL Olivenöl
Himalayasalz

Vor- und Zubereitung: 15 Minuten

1 Avocados schälen und halbieren, Stein herauslösen. Fruchtfleisch grob würfeln und in tiefe Teller anrichten. Tomaten halbieren und auf Avocadowürfeln verteilen. Mit Himalayasalz abschmecken.
2 Für die Sauce Peperoncino entkernen und mit Schalotte fein hacken. Limette dazupressen und mit Olivenöl und wenig Himalayasalz verfeinern. Über Avocado-Tomaten träufeln und kurz ziehen lassen.
3 Lachsscheiben zu Rosetten formen und locker dazu legen. Wenig Pfeffer darübermahlen und mit zerzupfter Petersilie oder Koriander bestreuen.

Tipp: Als Hauptmahlzeit servieren.

LINSEN-TÜRMCHEN

Vor- und Zubereitung: 30 Minuten   2 Personen

1 2 Förmchen oder breite Gläser von je 1.5 dl mit Butter
  einfetten.
2 Schalotte fein hacken, Knoblauch pressen und mit Thy-
  mianblättern im Olivenöl andünsten. Linsen kurz mitdünsten. 2.5 dl Wasser zugeben, aufkochen und Linsen
  bei schwacher Hitze zugedeckt weich garen. Mit Meersalz abschmecken.
3 Grobfasrige Teile beim Lauch entfernen, Stange längs
  halbieren und in dünne Halbringe schneiden. Mit den
  heissen Linsen vermengen.
4 Tomaten halbieren, Stielansatz entfernen, Tomaten
  entkernen und Fruchtfleisch klein würfeln. Mit Balsamico-Essig, Meersalz und Pfeffer würzen und etwa ⅓
  davon unter die Linsen-Lauch-Masse mischen. Diese in
  Förmchen/Gläser verteilen, etwas andrücken und auf
  Teller stürzen. Restliche Tomatenwürfelchen um die
  Türmchen verteilen.

1 EL Butter, weich

1 Schalotte, klein

1 Knoblauchzehe

½ TL Thymianblätter

1 EL Olivenöl

100 g rote (orange) Linsen

Meersalz

1 Lauchstange, klein

2 Tomaten

2 EL Balsamico-Essig, weiss

Pfeffer aus Mühle

Tipps: Als Beilage zu Fleisch oder Fisch servieren.
Geeignet zum Mitnehmen (kalt).

MEERESFRÜCHTE-GEMÜSE-SALAT

2 Personen

200 g Jakobsmuscheln, ausgelöst, ohne Rogen

1 EL Butter

Meersalz

je ½ grüne und rote Paprikaschote, klein

1 Tomate

¼ Salatgurke

1 Zwiebel, klein

100 g Cocktail-Crevetten,
gekocht und geschält

Sauce:

etwas Petersilie, glatt

1 Knoblauchzehe

1 EL Zitronensaft

3 EL Rotweinessig

4 EL Olivenöl

Meersalz

Pfeffer aus Mühle

Vor- und Zubereitung: 20 Minuten
Marinieren: 10 Minuten

1 Muscheln kalt abbrausen, mit Küchenpapier abtupfen. Bei starker Hitze in der Butter auf jeder Seite etwa 2 Minuten braten. Leicht würzen. Auf Küchenpapier abtropfen lassen und vierteln.

2 Paprikaschoten entkernen, weisse Rippen entfernen und klein würfeln. Tomate halbieren, Stielansatz entfernen, Tomate entkernen und Fruchtfleisch in etwa 1 cm grosse Quadrate schneiden. Gurke würfeln, Zwiebel fein hacken. Paprikawürfelchen, Tomatenquadrate, Gurkenwürfel und gehackte Zwiebel zum Muschelfleisch geben.

3 Crevetten kalt abbrausen, mit Küchenpapier abtupfen. Beifügen.

4 Für die Sauce Petersilie fein hacken, Knoblauch dazupressen und mit den restlichen Zutaten zum Meeresfrüchte-Gemüse-Salat geben und vermengen. Zugedeckt im Kühlschrank marinieren.

Variation
Ein paar grüne Salatblätter auf Teller auslegen. Sauce aus Rotweinessig, Olivenöl und Meersalz darüber träufeln. Meeresfrüchte-Gemüse-Mischung in der Mitte anrichten. Kann als Hauptmahlzeit serviert werden.

Tipp: Geeignet zum Mitnehmen.

MIESMUSCHELN MIT RATATOUILLE

Vor- und Zubereitung: 30 Minuten

2 Personen

1 Enden der Aubergine kappen, Aubergine in kleine Würfel schneiden und im Olivenöl andünsten (eventuell braucht es zusätzliches Olivenöl).

2 Paprikaschoten entkernen, weisse Rippen entfernen und klein würfeln. Tomaten halbieren, Stielansatz entfernen, Tomaten entkernen und Fruchtfleisch in etwa 1 cm grosse Quadrate schneiden. Knoblauch in dünne Scheiben schneiden. Paprikawürfelchen, Tomatenquadrate, Knoblauchscheiben, Erbsen und 4 bis 5 Esslöffel Wasser zu Auberginen geben. Mit Meersalz abschmecken und Gemüsefrüchte bei schwacher Hitze zugedeckt weich garen.

3 Miesmuscheln kalt abbrausen, offene Muscheln aussortieren und Rest in grossen Kochtopf geben. Ohne zusätzliche Flüssigkeit aufkochen, dabei den Topf immer wieder rütteln bis Muscheln geöffnet und gar sind (nur kurz, sonst werden sie trocken). Ungeöffnete Muscheln unbedingt wegwerfen! Absieben oder mit Lochkelle aus dem Sud heben, halbieren, allfällige Barthaare entfernen und Schalenhälften mit dem Muschelfleisch auf Teller anrichten. Ratatouille darauf verteilen. Lauwarm servieren.

1 Aubergine, klein

4 EL Olivenöl

je ½ grüne und rote Paprikaschote

3 bis 4 Tomaten

1 bis 2 Knoblauchzehen

2 bis 3 EL Erbsen, tiefgekühlt

Meersalz

1 kg Miesmuscheln mit Schale, küchenfertig

OLIVEN GEBRATEN

2 Personen

150 g schwarze Oliven
3 EL Olivenöl
3 Knoblauchzehen
¼ Peperoncino, frisch
2 EL Rotweinessig
1 EL Petersilie, glatt

Vor- und Zubereitung: 10 Minuten

1 Oliven kalt abbrausen, abtropfen lassen. Im Olivenöl offen bei mittlerer Hitze unter ständigem Rühren 5 Minuten braten.
2 Knoblauch in hauchdünne Scheiben schneiden. Peperoncino entkernen und fein hacken. Beides kurz mitbraten (Knoblauch darf nicht braun werden).
3 Rotweinessig zugeben und verdampfen lassen. Petersilie fein hacken, beifügen und Oliven kurz darin schwenken. Lauwarm oder kalt servieren.

Rest: Kalt auf Salat anrichten.

OLIVEN-SNACK

200 g schwarze (z.B. Kalamata) oder grüne Oliven, gross
½ bis 1 Peperoncino, frisch
1 Knoblauchzehe
je 1 Oregano-, Thymian- und Rosmarinzweig
1 TL italienische Kräuter, getrocknet
Olivenöl

Vor- und Zubereitung: 10 Minuten
Marinieren: 24 Stunden

1 Oliven kalt abbrausen und abtropfen lassen. Mit einem scharfen Messer leicht einritzen und in ein Einmachglas mit Schraubverschluss füllen.
2 Peperoncino längs aufschneiden, entkernen und fein hacken. Knoblauch in dünne Scheiben schneiden oder pressen. Beides mit den Kräutern ins Glas geben. Olivenöl beifügen, bis etwa die Hälfte der Oliven bedeckt ist. Glas verschliessen, schütteln und 24 Stunden oder länger marinieren.

Tipp: Im Kühlschrank ein paar Tage haltbar.

PAPRIKA UND THUNFISCH
AUF SALATBETT

Vor- und Zubereitung: 20 Minuten
Backofen vorheizen: 240 °C
Backen: 15 bis 20 Minuten (Mitte Backofen)

2 Personen

1 rote Paprikaschote
1 Glas Thunfisch (Abtropfgewicht etwa 120 g)
1 bis 2 Frühlingszwiebeln
1 TL Kapern
1 EL Zitronensaft
1 EL Olivenöl
Himalayasalz
Pfeffer aus Mühle
1 Prise Cayennepfeffer
6 bis 10 grüne Salatblätter

Sauce:
2 bis 3 EL Rotweinessig
2 bis 3 EL Olivenöl
Himalayasalz

1 Paprikaschote auf ein mit Backpapier ausgelegtem Blech setzen. Im vorgeheizten Ofen backen, bis Haut Blasen wirft, gebräunt ist und Schote etwas zusammengefallen ist. Herausnehmen, in Küchentuch wickeln und etwas abkühlen lassen. Haut abziehen, halbieren, Stielansatz, Kerne und weisse Rippen entfernen und Fruchtfleisch klein würfeln.

2 Fisch abtropfen lassen und im Sieb mit Gabel zerpflücken. Zwiebeln fein hacken, Kapern grob schneiden. Thunfisch, Zwiebeln und Kapern mit gewürfelten Schoten mischen. Mit Zitronensaft, Olivenöl, Himalayasalz, Pfeffer und Cayennepfeffer leicht würzen.

3 Salatblätter im Teller auslegen. Paprika-Thunfischmasse in der Mitte anrichten.

4 Sauce zubereiten und auf Salatblätter träufeln.

Gesünder: Frischen Thunfisch verwenden (in wenig Olivenöl braten).

RIESENCREVETTEN MARINIERT AUF SALATBETT MIT BLÜTEN

Vor- und Zubereitung: 10 Minuten
Marinieren: 2 bis 3 Stunden

2 Personen

1 Crevetten kalt abbrausen, mit Küchenpapier abtupfen.
2 Für die Marinade Peperoncino entkernen, mit Knoblauch und Petersilie fein hacken. Mit Olivenöl, wenig Himalayasalz und Pfeffer abrunden, mit Crevetten mischen. Zugedeckt im Kühlschrank marinieren.
3 Salatblätter oder Jungspinat auf Teller auslegen und die marinierten Crevetten in der Mitte anrichten.
4 Zutaten für die Sauce verrühren und auf Salatblätter träufeln. Mit essbaren Blüten verzieren.

Tipps: Riesencrevettenschwänze gekocht und geschält mit Schwanzsegment verwenden.
Als Hauptmahlzeit servieren.

200 g Riesencrevettenschwänze, gekocht und geschält
1 Salat, klein (z.B. Endiviensalat, Lattich) oder 75 g Jungspinat
4 essbare Blüten

Marinade:
wenig Peperoncino, frisch
1 Knoblauchzehe
etwas Petersilie, glatt
2 EL Olivenöl
Himalayasalz
Pfeffer aus Mühle

Sauce:
2 EL Rotweinessig
2 EL Olivenöl
Himalayasalz

PFIFFERLING-SALAT

2 Personen

300 g Pfifferlinge/Eier-
schwämme
Meersalz
2 Tomaten
⅓ Salatgurke

Sauce:
1 Zwiebel, klein
1 EL Schnittlauch
1 EL Zitronensaft
3 EL Rotweinessig
4 EL Olivenöl
Himalayasalz
Pfeffer aus Mühle

Vor- und Zubereitung: 20 Minuten

1 Pilze putzen. Grosse halbieren oder vierteln, kleine ganz belassen. Ohne Fettzugabe offen braten, bis die Eigenflüssigkeit verdampft ist. Mit wenig Meersalz würzen.
2 Tomaten halbieren, Stielansatz entfernen, Tomaten entkernen und Fruchtfleisch in etwa ½ cm grosse Quadrate schneiden. Gurke schälen, längs halbieren, entkernen und klein würfeln. Gebratene Pilze zugeben.
3 Für die Sauce Zwiebel fein hacken und Schnittlauch klein schneiden. Mit den restlichen Zutaten zum Pfifferling-Salat geben. Vermengen. Kurz ziehen lassen. Lauwarm oder kalt servieren.

Tipps: Als Beilage zu Fleisch oder Fisch servieren. Geeignet zum Mitnehmen.

SPARGEL-BROCCOLI-SALAT

Vor- und Zubereitung: 30 Minuten

2 Personen

1 Wasser mit Butter, Zitronensaft und Meersalz in Spargelkochtopf oder grossen Kochtopf aufkochen.
2 Spargeln sorgfältig schälen, so dass alle hölzernen Fasern entfernt sind. Das untere Ende abschneiden. Die geschälten Stangen zugedeckt weich garen. 1 Esslöffel Sud beiseite stellen. Absieben.
3 Inzwischen Broccoli in Röschen teilen und in wenig Meersalzwasser offen weich garen, absieben. Beide Gemüsefrüchte in Teller anrichten.
4 Für die Vinaigrette Petersilie und Schnittlauch klein schneiden, Schalotte in dünne Ringe schneiden und mit dem beiseite gestellten Spargelsud, Rotweinessig und Öl mischen. Mit Himalayasalz und Pfeffer abrunden. Über das lauwarme Gemüse giessen und kurz ziehen lassen.
5 Haselnüsse halbieren und darauf verteilen.

Variation: Wenig Fetakäse grob würfeln und darauf verteilen.

1 EL Butter
1 EL Zitronensaft
Meersalz
250 g Spargeln, weiss
250 g Broccoli
1 EL Haselnüsse, geschält, ganz

Vinaigrette:
etwas Petersilie gekraust
etwas Schnittlauch
1 Schalotte
4 EL Rotweinessig
4 EL Oliven- oder Haselnussöl
Himalayasalz
Pfeffer aus Mühle

SALATE

- Frische Salate verwenden. Fertig geputzte Salatmischungen sollten tadellos frisch sein und vor der Zubereitung nochmals gewaschen werden.
- Nur kurz, aber gründlich mit kaltem Wasser waschen und erst danach klein schneiden (Pilze, wenn möglich, nur mit Pinsel reinigen). Feldsalat gut waschen (Sand muss vollkommen herausgespült werden). In einem geräumigen Sieb leicht schütteln oder in der Salatschleuder schleudern.
- Feine Salate in mundgerechte Stücke zupfen.
- Je härter die Blätter, desto kleiner sollten Sie diese schneiden. Grobe Stiele und harte Mittelrippen entfernen.
- Nicht vorwaschen und über Stunden lagern.
- Sauce und Vinaigrette bei feinen Salaten erst kurz vor dem Servieren anmachen. Diese benötigen auch weniger Sauce als härtere.
- Härtere Salate kurz durchziehen lassen und eventuell nochmals nachwürzen.
- Gemüse, das sich leicht verfärbt, direkt in die Sauce reiben, hobeln oder schneiden und zugedeckt max. 15 bis 30 Minuten ziehen lassen.
- Für Rohkost Himalayasalz verwenden.
- Dunklen Balsamico-Essig sparsam einsetzen, da dieser relativ stark würzt.
- Blattsalate ungewaschen (und locker in Zeitungspapier) im Gemüsefach des Kühlschranks lagern.
- Salate aus Resten zaubern: Gemüsereste lassen sich unter Salate mischen. Rohes Gemüse kann mit einem Dip (Rezepte siehe Kapitel «Gemüse») serviert werden. Übrig gebliebene kleine Fleischstücke, Hackfleischfrikadellen, Fische und Meeresfrüchte, aber auch gewürfelte Omeletten eignen sich als Zugabe für einen Salat. Mit Quinoa-Resten kann man einen Salat bestreuen. Experimentieren Sie!

Erlaubte Salate, Gewürze, Kräuter und Sprossen
Alle, in grossen Mengen

Erlaubte Pilze

Alle. Auf keinen Fall in Plastikbeutel aufbewahren, sondern luftdurchlässige Tüten verwenden! Gewisse Arten (z.B. Pfifferlinge/Eierschwämme) können nicht roh gegessen werden.

Auswahl an einfachen und schnell zubereiteten Salatbeilagen
- Avocado-Tomaten-Salat
- Chicorée-Salat (mit Walnüssen)
- Chinakohl-Salat (mit 1 fein gehackten Knoblauchzehe)
- Eisberg-Salat (mit Champignons oder mit Crevetten und Melonenkugeln)
- Grüne Blattsalate (mit wenig Leinsamen oder Kernenmix, Kräutern, Sprossen, Zwiebeln, Pilzen, Cherrytomaten, Gemüse oder -reste, harten oder wachsweichen Eiern)
- Gurken-Salat (Gurken evtl. entkernt, in Scheiben oder Würfeln, mit Schnittlauch oder wenig Dill)
- Gurken-Tomaten-Salat
- Jungspinat-Salat (mit Apfel- oder Orangenstücken und knusprig gebratenen Speckwürfelchen)
- Karotten-Salat (roh, fein oder grob gerieben)
- Löwenzahn-Salat (mit gehacktem Ei und ein paar knusprig gebratenen Speckwürfelchen oder -streifen)
- Löwenzahn-Tomaten-Salat
- Feldsalat mit gehacktem Ei (oder mit ein paar knusprig gebratenen Zwiebel- und Speckwürfelchen oder -streifen, oder ein paar rohen Champignonscheiben)
- Rote Rüben-Salat (in Würfeln)
- Rucola-Salat oder Rucola-Tomaten-Salat
- Stangensellerie-Salat (rohen Stangensellerie ohne Grün in sehr feine Streifen schneiden)
- Süsskartoffel-Salat (roh, fein oder grob gerieben)
- Tomaten-Salat (mit Zwiebeln). Tipp: Nicht mehr so frische Tomaten im Backofen backen. Für die superschnelle Variation Tomaten längs halbieren, mit Himalayasalz, etwas Olivenöl und eventuell ein paar Tropfen Balsamico-Essig würzen.

Einfache Sauce
- Italienische Sauce: Rotweinessig (oder Zitronensaft, v.a. für Karotten- und Süsskartoffel-Salat geeignet), Olivenöl und Himalaya- oder Meersalz.
- Andere Essigsorten und Nussöle, Meersalz und eventuell wenig Pfeffer verwenden.

SALAT-BOUQUET

Vor- und Zubereitung: 15 Minuten

2 Personen

1 Je 1 grosses Salatblatt in einen tiefen Teller oder in Salatschale legen. Kleinere Blätter und Blüten zu einem Sträusschen arrangieren und reinstellen.

2 Kräuter, Kresse, essbare Blüten, Gemüseschnitze, -stäbchen oder -würfel dekorativ hinein stecken oder Salat damit garnieren.

3 Pinien- und Sonnenblumenkerne ohne Fettzugabe rösten und darüberstreuen.

4 Zutaten für die Sauce verrühren. Schalotte hacken und untermischen. Über Salat träufeln.

Tipp: Dieser bunte Salat kann nach Belieben variiert und dekoriert werden.

2 Salatblätter, gross und fest
verschiedenfarbige kleine
Salatblätter, je nach Marktangebot
Kräuter (Basilikum, Petersilie, Schnittlauch etc.)
Kresse
ein paar essbare Blüten
rohes Gemüse (Fenchel, Salatgurke, Karotte, Radiesli, Tomate, etc.)
wenig Pinien- und Sonnenblumenkerne

Sauce:
4 EL Rotweinessig
4 EL Olivenöl
wenig Leinsamen
Himalayasalz
wenig Pfeffer aus Mühle
1 Schalotte

CHICORÉE-SALAT GARNIERT

Vor- und Zubereitung: 10 Minuten

2 Personen

1 Chicorée in breite Streifen schneiden oder Blätter ganz belassen (harten Teil vorher entfernen). Auf Teller auslegen. Eier in Scheiben schneiden und darauf verteilen.

2 Avocado schälen und halbieren, Stein herauslösen. Fruchtfleisch in Scheiben oder Würfel schneiden und mit Oliven (eventuell in Scheiben) auf Salat verteilen.

3 Für die Sauce Sardellenfilets kalt abbrausen, abtropfen lassen und fein hacken. Knoblauch dazupressen und mit den restlichen Zutaten mischen. Salat damit beträufeln.

2 Chicorée-Stauden, gross

2 Eier, hart gekocht

1 reife Avocado

10 schwarze Oliven, entsteint

Sauce:

2 Sardellenfilets

1 Knoblauchzehe

1 EL Zitronensaft

3 EL Rotweinessig

4 EL Olivenöl

wenig Himalayasalz

Pfeffer aus Mühle

CHINAKOHL-SALAT GARNIERT

2 Personen

Vor- und Zubereitung: 10 Minuten

1 Chinakohl, klein
1 Karotte
1 gelbe Paprikaschote
1 Fenchelknolle

Sauce:
1 Knoblauchzehe
2 Basilikumblätter
3 bis 4 EL Rotweinessig
3 bis 4 EL Olivenöl
Himalayasalz
Pfeffer aus Mühle

1 Chinakohl in etwa 1 ½ cm breite Streifen schneiden. Karotte schälen und mit Sparschäler feine Streifen abschälen.
2 Paprikaschote entkernen, weisse Rippen entfernen. Fenchel längs vierteln, Strunk entfernen und beide Gemüsefrüchte in feine Streifen schneiden, zugeben.
3 Für die Sauce Knoblauch fein hacken und Basilikum klein schneiden, mit den restlichen Zutaten zum Salat geben und vermengen. 5 bis 10 Minuten ziehen lassen.

Tipp: Einen Esslöffel Kernenmix oder Schnittlauchröllchen über den Salat verteilen.

EICHBLATT-SALAT MIT HACKFLEISCH

Vor- und Zubereitung: 15 Minuten

2 Personen

1 Hackfleisch im Olivenöl anbraten. Zwiebel und Knoblauch fein hacken. Offen bei mittlerer Hitze kurz mitbraten. Würzen, abkühlen lassen.

2 Eichblattsalat in mundgerechte Stücke zupfen, Basilikum zerzupfen. Gurke schälen, längs halbieren, entkernen und in etwa 1 cm grosse Würfel schneiden. Alle Zutaten zum Hackfleisch geben.

3 Zutaten für die Sauce beifügen und alles vermengen.

Tipp: Als Hauptmahlzeit servieren.

200 g Hackfleisch

1 EL Olivenöl

1 Zwiebel, klein

1 Knoblauchzehe, klein

Meersalz

Pfeffer aus Mühle

½ grüner oder roter Eichblattsalat, klein

4 Basilikumblätter

½ Salatgurke, klein

Sauce:

2 bis 3 EL Rotweinessig

2 bis 3 EL Olivenöl

Himalayasalz

FENCHEL-SALAT

2 Personen

2 Fenchelknollen, mittelgross
4 bis 6 reife Erdbeeren

Sauce:
2 bis 3 EL Zitronensaft
2 bis 3 EL Olivenöl
Himalayasalz

Vor- und Zubereitung: 10 Minuten

1 Sauce zubereiten. Grobfasrige Teile beim Fenchel abschälen oder äussere Blätter entfernen. Längs vierteln, Strunk entfernen und quer in sehr feine Streifen schneiden. In Sauce geben und kurz ziehen lassen. Anrichten.
2 Erdbeeren in dünne Scheiben schneiden und Fenchelsalat damit garnieren.

Variationen
Erdbeeren weglassen und mit Rotweinessig anstatt Zitronensaft würzen.
Anstatt Erdbeeren mit ein paar Orangenschnitzen oder -würfeln garnieren (diese Kombination enthält mehr Zucker/Kalorien als mit Erdbeeren). Dazu passt auch Chicorée in feinen Streifen und 1 Handvoll Sonnenblumenkerne.
2 bis 3 Steinpilze in dünne Scheiben in wenig Olivenöl weich garen, 1 Knoblauch dazupressen und mit wenig Meersalz und Pfeffer würzen. Auf ungewürzten Fenchelstreifen verteilen und die Zutaten mit wenig Olivenöl und Balsamico-Essig, dunkel, würzen.

GEMISCHTER SALAT NIZZA

Vor- und Zubereitung: 25 Minuten

2 Personen

1 Wenig Meersalzwasser aufkochen. Den Stielansatz bei den Bohnen abschneiden und 15 bis 20 Minuten offen knackig garen. Absieben.

2 Salat in mundgerechte Stücke zupfen und anrichten.

3 Eier und Tomaten achteln. Sardellenfilets abtropfen lassen. Oliven untermischen. Alle Zutaten auf Salatblättern verteilen.

4 Für die Sauce Knoblauch pressen und mit den restlichen Zutaten verrühren. Über Salat träufeln.

150 g Stangenbohnen

2 Baby-Salate oder 1 Kopfsalat

2 Eier, hart gekocht

2 Tomaten, klein

8 Sardellenfilets

8 schwarze oder grüne Oliven

Sauce:

1 Knoblauchzehe, klein

3 bis 4 EL Rotweinessig

3 bis 4 EL Olivenöl

Himalayasalz

Pfeffer aus Mühle

GRIECHISCHER SALAT

2 Personen

½ Salatgurke
je ½ gelbe, grüne und rote
Paprikaschote, klein
2 Tomaten
1 rote Zwiebel
10 bis 15 schwarze Oliven

Sauce:
4 bis 5 Basilikumblätter
1 bis 2 Knoblauchzehen
1 EL Zitronensaft
3 EL Rotweinessig
3 EL Olivenöl
Himalayasalz
wenig Pfeffer aus Mühle

Vor- und Zubereitung: 15 Minuten

1 Gurke schälen, längs halbieren, entkernen und in Scheiben schneiden. Paprikaschoten entkernen, weisse Rippen entfernen und in feine Streifen schneiden. Stielansatz der Tomaten entfernen, Tomaten achteln oder würfeln. Zwiebel halbieren und in dünne Halbringe schneiden. Oliven untermischen.
2 Für die Sauce Basilikum zerzupfen, Knoblauch dazupressen und mit den restlichen Zutaten zum Salat geben, vermengen.

Variationen
Wenig Fetakäse grob würfeln und darauf verteilen.

Fisch-Variation
Paprikaschoten, Tomaten, ½ Selleriestange ohne Grün würfeln. 200 g Seeteufel (oder anderen fest kochenden Fisch) würfeln und zusammen mit 200 g Riesencrevettenschwänzen (roh und geschält) im Siebeinsatz zugedeckt 3 bis 5 Minuten garen, mit Meersalz würzen und abkühlen lassen. Eine Handvoll Rucola zerzupfen und mit Oliven untermischen. Alles mit der Sauce vermengen. Kann als Hauptmahlzeit serviert werden.

Tipp: Geeignet zum Mitnehmen.

HIMBEEREN AUF JUNGSPINAT-RUCOLA-SALAT

Vor- und Zubereitung: 10 Minuten

1 Rucola grob zerzupfen. Jungspinat zugeben.
2 Zutaten für die Sauce mit Rucola und Spinat mischen, anrichten.
3 Himbeeren, Mandelblättchen oder –stäbchen und grob zerzupfte Kräuter darüberstreuen.

Variation
Wenig Fetakäse grob würfeln und darauf verteilen.

2 Personen

100 g Rucola
100 g Jungspinat
1 Handvoll Himbeeren
1 Handvoll Mandelblättchen oder-stäbchen
Kräuter nach Belieben

Sauce:
3 bis 4 EL Rotwein- oder wenig Balsamico-Essig, dunkel
3 bis 4 EL Olivenöl
Himalayasalz

JAKOBSMUSCHELN AUF JUNGSPINAT UND TOMATEN

Vor- und Zubereitung: 15 Minuten

2 Personen

1 Tomaten halbieren und zum Spinat geben.
2 Für die Sauce Schalotte fein hacken, mit Rotweinessig, Olivenöl und Himalayasalz zum Salat geben, vermengen und anrichten.
3 Muscheln kalt abbrausen, mit Küchenpapier abtupfen. Offen bei starker Hitze in der Butter auf jeder Seite etwa 2 Minuten braten. Würzen und auf Salat verteilen.

Variation
Versuchen Sie es mit anderen Salatsorten (Feldsalat, Frisée, Rucola, oder alle drei Sorten gemischt).

Tipps: 1 Teelöffel Mandelblättchen pro Person ohne Fettzugabe rösten und darüber verteilen.
Als Hauptmahlzeit servieren.

100 g Cherrytomaten
150 g Jungspinat
200 g Jakobsmuscheln, ausgelöst, ohne Rogen
1 EL Butter
Meersalz
Pfeffer aus Mühle

Sauce:
1 Schalotte
3 EL Rotweinessig
3 EL Olivenöl
Himalayasalz

JUNGSALAT MIT GEBRATENEM SPARGEL

2 Personen

300 g Spargeln, weiss (oder weisse Spargelspitzen)
2 EL Olivenöl
Meersalz
100 g Jungsalat

Sauce:
½ Zitrone, unbehandelt
1 Ei, hart gekocht
1 EL Petersilie gekraust
4 EL Balsamico-Essig, weiss
6 EL Olivenöl
Himalayasalz
Pfeffer aus Mühle

Vor- und Zubereitung: 20 Minuten

1 Spargeln sorgfältig schälen, so dass alle hölzernen Fasern entfernt sind. Schnittstellen kappen, Stangen in 4 cm lange Stücke schneiden.
2 Olivenöl in Bratpfanne erhitzen und Spargelstücke bei starker Hitze offen etwa 8 Minuten braten. Würzen.
3 Für die Sauce Zitronenschale abreiben (nur gelber Teil), Ei würfeln, Petersilie fein hacken und mit den restlichen Zutaten mischen. Jungsalat auf Teller anrichten. Spargelstücke darauf verteilen und mit Sauce beträufeln.

FELDSALAT MIT HÜHNERLEBER

Vor- und Zubereitung: 20 Minuten
Tiefgekühlte Hühnerleber auftauen

2 Personen

1 Tomaten halbieren, Zwiebel fein hacken und Schnittlauch klein schneiden. Salat zugeben.
2 Sauce zubereiten.
3 Leber kalt abbrausen, mit Küchenpapier abtupfen und in der Butter offen bei starker Hitze etwa 8 bis 10 Minuten braten (sollte innen leicht rosa sein, aber nicht blutig). Mit Meersalz und Pfeffer abschmecken und in ein paar Tropfen Balsamico-Essig schwenken.
4 Inzwischen Salat mit Sauce vermengen und anrichten. Warme Leber darauf verteilen.

Tipp: Als Hauptmahlzeit servieren.

150 g Cherrytomaten
1 Zwiebel, klein
etwas Schnittlauch
100 g Feldsalat
250 g Hühnerleber frisch/aufgetaut
2 EL Butter
Meersalz
Pfeffer aus Mühle
Balsamico-Essig, dunkel

Sauce:
3 EL Rotweinessig
3 EL Oliven- oder Walnussöl
Himalayasalz

FELDSALAT MIT ROTEN RÜBEN UND POCHIERTEM EI

Vor- und Zubereitung: 25 Minuten

2 Personen

1 Nüsse grob hacken und in kleiner Bratpfanne ohne Fettzugabe rösten. Abkühlen lassen. Beiseite stellen.
2 Rüben schälen und würfeln. Salat zugeben.
3 Für die pochierten Eier 1 Liter Wasser mit Essig in einem schmalen Kochtopf aufkochen. Topf von der Wärmequelle nehmen. Eier einzeln in eine kleine Schale oder Tasse aufschlagen und vorsichtig ins leicht siedende Wasser gleiten lassen (sollten komplett mit Wasser bedeckt sein). Topf wieder auf die ausgeschaltete Wärmequelle stellen und offen unter dem Siedepunkt etwa 4 bis 5 Minuten ziehen lassen. Mit Lochkelle einzeln herausheben und kurz in kaltes Wasser tauchen. Gut abtropfen lassen.
4 Inzwischen Zutaten für die Sauce mit dem Salat und die Rüben vermengen, anrichten. Mit den Nüssen bestreuen und mit je einem pochierten Ei garnieren.

4 Walnusskerne
200 g Rote Rüben, gekocht
100 g Feldsalat
0.5 dl Essig
2 Eier

Sauce:
3 EL Rotweinessig
3 EL Oliven- oder Walnussöl
Himalayasalz
wenig Pfeffer aus Mühle

Tipps: Es sieht raffiniert aus, wenn die pochierten Eier vor dem Servieren mit einer spitzen Schere oben leicht geöffnet werden.
Wenn mehr als 4 Eier gekocht werden, ist es ratsam, 2 Kochtöpfe zu verwenden oder je 4 Eier hintereinander zu pochieren.

ROTE RÜBEN-HERBSTSALAT

2 Personen

400 bis 500 g Rote Rüben,
gekocht
2 Selleriestangen
6 Walnusskerne
etwas Schnittlauch

Sauce:
3 EL Rotweinessig
3 EL Olivenöl
Himalayasalz

Vor- und Zubereitung: 10 Minuten

1 Rote Rüben schälen, in dünne Scheiben schneiden und anrichten.
2 Sauce zubereiten und Hälfte darüber träufeln.
3 Sellerie ohne Grün in dünne Scheiben schneiden. Nüsse grob und Schnittlauch klein schneiden. Zutaten auf Rübenscheiben verteilen und mit restlicher Sauce beträufeln.

LATTICH-SALAT MIT CREVETTEN

2 Personen

1 Lattich, klein
1 rote Zwiebel
5 schwarze Oliven, entsteint
150 g Cherrytomaten
80 g Cocktail-Crevetten, gekocht und geschält
1 TL Petersilie gekraust

Sauce:
3 bis 4 EL Rotweinessig
3 bis 4 EL Olivenöl
Himalayasalz
Pfeffer aus Mühle

Vor- und Zubereitung: 10 Minuten

1 Lattich in mundgerechte Stücke zupfen. Zwiebel halbieren und in dünne Halbringe schneiden. Oliven grob zerkleinern und Tomaten halbieren. Crevetten kalt abbrausen, mit Küchenpapier abtupfen. Petersilie grob hacken.
2 Sauce zubereiten und mit allen Zutaten vermengen.

THUNFISCH-SALAT

Vor- und Zubereitung: 10 Minuten

2 Personen

1 Fisch abtropfen lassen und im Sieb mit Gabel grob zerpflücken.
2 Gurke schälen, längs halbieren, entkernen und klein würfeln. Zwiebel fein hacken. Tomate halbieren, Stielansatz entfernen und Fruchtfleisch klein würfeln. Oliven untermischen.
3 Sauce zubereiten und mit Salat vermengen.

1 Glas Thunfisch (Abtropfgewicht etwa 120 g)
¼ Salatgurke
½ Zwiebel
1 Tomate, klein
8 bis 10 Oliven

Gesünder: Thunfisch-Steak, in wenig Olivenöl gebraten, verwenden.

Tipp: Geeignet zum Mitnehmen.

Sauce:
3 bis 4 EL Rotweinessig
3 bis 4 EL Olivenöl
Himalayasalz
Pfeffer aus Mühle

TOMATEN-SALAT ITALIENISCHE ART

2 Personen

70 g bis 90 g Rucola
2 Fleischtomaten

Sauce:
2 EL Rotweinessig
2 EL Olivenöl
Himalayasalz

Vinaigrette:
½ Zucchetti, klein
½ Schalotte
wenig Schnittlauch
3 bis 4 schwarze Oliven, entsteint
1 bis 2 EL Rotweinessig
2 bis 3 EL Olivenöl
Meersalz
Pfeffer aus Mühle

Vor- und Zubereitung: 15 Minuten

1 Rucola in mundgerechte Stücke zupfen. Anrichten. Stielansatz der Tomaten entfernen, Tomaten in Scheiben schneiden und fächerartig auf Rucola verteilen.

2 Zutaten für die Sauce verrühren und über Rucola und Tomaten träufeln.

3 Für die Vinaigrette Zucchetti beidseitig kappen, längs halbieren, entkernen und Fruchtfleisch klein würfeln. Schalotte fein hacken, Schnittlauch klein schneiden, Oliven klein würfeln und mit Rotweinessig, Olivenöl, Meersalz und Pfeffer abschmecken. In der Mitte anrichten.

ZUCCHETTI-SALAT ROH

Vor- und Zubereitung: 10 Minuten

2 Personen

1 Zucchetti grob reiben. Tomaten vierteln, Basilikum zerzupfen und zugeben.

2 Zutaten für die Sauce beifügen und alles mischen. Kurz ziehen lassen.

Tipps: Als Vorspeise servieren.
Geeignet zum Mitnehmen.

2 Zucchetti, klein
150 g Cherrytomaten
5 bis 6 Basilikumblätter

Sauce:
3 bis 4 EL Rotweinessig
3 bis 4 EL Olivenöl
Himalayasalz
wenig Pfeffer aus Mühle

FLEISCH

- Geflügel: Mit kaltem Wasser kurz abbrausen und mit Küchenpapier trocken tupfen. Sollte gut durchgebraten sein.
- Hackfleisch lose an der Fleischtheke einkaufen. Es wird im Supermarkt oder beim Metzger durch den Fleischwolf gedreht. Das Fleisch sollte am besten am Herstellungstag verbraucht werden.
- Braten vor dem Tranchieren etwa 10 bis 15 Minuten zugedeckt stehen lassen (beim Schneiden tritt weniger Saft aus). Quer zur Faser schneiden.
- Als Bratfett eignen sich Olivenöl, Butter oder Ghee und Kokosfett.

Kalb-, Rind- und Schweinefleisch
- 30 bis 60 Minuten (je nach Grösse) vor dem Braten aus dem Kühlschrank nehmen (Fleisch sollte Zimmertemperatur haben).
- Wenn Fleisch saftig oder blutig ist, sollte es vor dem Braten mit Küchenpapier abgetupft werden (eventuell vorher sogar mit kaltem Wasser kurz abbrausen, v.a. bei Leber).
- Erste Seite scharf anbraten. Erst wenden, wenn es sich gut vom Pfannenboden lösen lässt. Würzen. Wichtig: Hitze leicht reduzieren (2 bis 3 Stufen) und zweite Seite braten.
- Tipp: Daumendruck für den Garzustand machen: Wenn Fleisch stark nachgibt beim Daraufdrücken, ist es noch roh. Wenn es leicht nachgibt, ist es innen rot. Gibt es nur noch leicht nach dann ist es innen rosa. Und wenn es durchgebraten ist, gibt es nicht mehr nach (sonst Metzger nach Bratzeit fragen). Schweinefleisch gut durchbraten.
- 0.5 dl Wasser in die leicht ausgekühlte Pfanne geben, Fond auflösen (sollte nicht verbrannt sein) und Jus über Fleisch giessen (eventuell absieben).
- Geschnetzeltes vom Kalb oder Rind: Öl in Bratpfanne sehr stark erhitzen (muss beinahe rauchen) und Fleisch nur ganz kurz braten (eventuell portionenweise und warm stellen).
- Tipp: Zitrone zu Kalb- und Rindfleisch reichen.

Fleisch Niedergaren
- Vorteil: Die Niedergarmethode ist sehr einfach, also auch für ungeübte Köchinnen und Köche geeignet.
- Fleisch 30 bis 60 Minuten (je nach Grösse) vor dem Braten aus dem Kühlschrank nehmen.
- Nur Fleisch verwenden, das vorher noch nie tiefgekühlt wurde und eine gute Qualität aufweist.
- Backofen, ofenfeste Platte und Teller vorheizen: 80 °C (Mitte Backofen).
- Die Backofentemperatur beträgt 80 °C. Bei Geflügel (Ente, Huhn, Truthahn etc.) 90 °C einstellen.
- Rundum in Öl oder Butter scharf anbraten (erst wenden, wenn sich Kruste gebildet hat). Bei grösseren Stücken die Enden kurz anbraten. Anschliessend würzen. Auch die umgekehrte Methode wird immer beliebter: Hier wird das Fleisch erst nach dem Niedergaren angebraten.
- Fleischthermometer an dickster Stelle einstecken. Hat das Fleisch einen Knochen, darf das Thermometer diesen nicht berühren. Anbraten und Garzeit: Am besten Metzger danach fragen und Kerntemperatur (siehe unten) beachten.
- Die Garzeit kann schwanken, da die Backofentemperatur nicht immer stabil ist und das Fleisch nicht immer gleich heiss angebraten wird. Es ist deshalb wichtig, auf die Kerntemperatur des Fleisches zu achten.
- Kerntemperatur: Geflügel 70 °C, Kalbfleisch 60 °C (à point), Lamm 55 °C bis 60 °C, Reh 60 °C, Rindfleisch 55 °C (à point), Schweinefleisch 60 °C bis 65 °C, Putenbrust 65 °C.
- Fleisch darf während des Garens nie zugedeckt werden.
- Fleisch kann bei 60 °C noch 30 Minuten warm gehalten werden (grosse Stücke 1 Stunde).
- Grosse Stücke quer zur Faser schneiden.
- Tipp: Wenn es schneller gehen muss, Fleisch bei 100 °C niedergaren (oder nach einer Weile auf 100 °C erhöhen, wenn es zu langsam vorwärts geht). Die Garzeit reduziert sich entsprechend (auf die Kerntemperatur achten).

Reste
Fleischreste lassen sich vielfältig weiterverwenden. Peppen Sie doch einmal einen Salat damit auf. Auch für eine Omelette sind Reste von Braten oder Kurzgebratenem ideal. Fleischreste eignen sich auch gut als Suppeneinlagen oder für Gemüsepfannen.

Erlaubte Fleischsorten, Geflügel, Innereien und Wild
Alle

VIER GEWÜRZ-BUTTER-REZEPTE ZU FLEISCH
Vor- und Zubereitung: jeweils 5 bis 10 Minuten

- Alle Zutaten mit einer Gabel vermengen.
- In Klarsichtfolie einwickeln und zu einer Rolle formen.
- Im Tiefkühler fest werden lassen oder portionenweise in Eiswürfelschalen füllen und mindestens 30 Minuten einfrieren lassen.
- Wird die Gewürz-Butter zu niedergegartem Fleisch serviert, sollte sie zuerst Raumtemperatur annehmen.

4 bis 6 Personen

Café-de-Paris-Butter
100 g Butter, weich
wenig Petersilie, klein geschnitten
wenig Schnittlauch, klein geschnitten
½ Knoblauchzehe, gepresst
1 Eigelb
½ TL Zitronensaft
1 Msp. Currypulver, mild
1 Msp. Cayennepfeffer
½ TL Himalayasalz
Pfeffer aus Mühle

Kräuter-Butter
100 g Butter, weich
Kräuter, frisch (nach Belieben), gehackt
1 Knoblauchzehe, gepresst
½ bis 1 TL Zitronensaft
1 Msp. Currypulver, mild
1 Prise Peperoncino aus Mühle
Himalayasalz
Pfeffer aus Mühle

Knoblauch-Butter
100 g Butter, weich
1 bis 2 Knoblauchzehen, gepresst
wenig Himalayasalz
wenig Pfeffer aus Mühle

Scharfe Butter
100 g Butter, weich
½ Peperoncino, frisch, entkernt, grob gehackt
2 EL Thymianblätter
1 EL Zitronensaft
Himalayasalz

ARTISCHOCKEN GEFÜLLT

Vor- und Zubereitung: 20 Minuten
Garen: 30 Minuten

1 Ei verquirlen, 1 Knoblauch und Petersilie fein hacken. Zum Hackfleisch geben, würzen und gut kneten, bis eine kompakte Masse entsteht.

2 Äussere, harte grüne Blätter (2 bis 4 Reihen) der Artischocken entfernen, Spitzen grosszügig abschneiden, Stiel abnehmen und schälen. Blätter auseinanderbiegen und das Heu mit einem kleinen Löffel entfernen. Mit Meersalz rundum würzen.

3 Mit Hackfleischmasse füllen, gut andrücken und im Olivenöl von allen Seiten anbraten (am besten mit der Fleischfüllung oben beginnen). In Kochtopf aufsetzen.

4 Knoblauch und Brühe zugeben und zugedeckt bei mittlerer Hitze garen (eventuell braucht es zusätzliche Gemüsebrühe oder etwas Wasser, so dass der Boden immer etwas befeuchtet ist).

Rest: Im Dampf oder in wenig siedendem Wasser oder leichter Brühe aufwärmen (bleiben auf diese Weise schön feucht).

Beilagen-Tipp: Grüner Salat.

2 Personen

1 Ei
2 Knoblauchzehen
etwas Petersilie, glatt
300 g Hackfleisch
Meersalz
Pfeffer aus Mühle
4 Artischocken, gross
4 EL Olivenöl
1 dl Gemüsebrühe

AUBERGINEN-RÖLLCHEN

2 Personen

20 g Steinpilze, getrocknet
2 Auberginen, gross
Meersalz
Olivenöl

Füllung:
25 g Speckwürfelchen
200 g Hackfleisch
1 EL Olivenöl
½ Zwiebel
½ Selleriestange
½ Karotte
1 Tomate, klein
Meersalz
Pfeffer aus Mühle

Vor- und Zubereitung: 30 Minuten
Einweichen: 30 Minuten
Backofen vorheizen: 220 °C
Aufwärmen im Backofen: 5 Minuten (Mitte Backofen)

1 Pilze etwa 30 Minuten in kaltem Wasser einweichen, auspressen, reinigen und grob hacken.
2 Enden der Auberginen kappen, Gemüsefrüchte längs in 2 mm bis 3 mm dicke Scheiben schneiden. Eine Seite mit Meersalz leicht würzen. Bratpfanne mit wenig Olivenöl ausstreichen und erhitzen. Auberginenscheiben offen weich braten (sollten nur leicht braun werden, etwa je 2 Minuten auf jeder Seite), dabei immer wieder etwas Olivenöl zugeben. Auf Küchenpapier abtropfen lassen und auf Arbeitsfläche auslegen.
3 Für die Füllung den Speck ohne Fettzugabe knusprig braten, herausnehmen. Hackfleisch in derselben Bratpfanne im Olivenöl braten.
4 Zwiebel fein hacken und Sellerie ohne Grün würfeln. Karotte schälen und grob reiben. Tomate halbieren, Stielansatz entfernen, Tomate entkernen und Fruchtfleisch klein würfeln. Mit Speck und Hackfleisch vermengen und würzen. Füllung auf Auberginenscheiben verteilen und aufrollen. Mit Zahnstocher befestigen und im Ofen 5 Minuten aufwärmen.

Auberginen-Lasagne
Gratinform (klein, etwa 30 cm Länge) mit Auberginenscheiben auslegen, Füllung darauf geben und mit einer Schicht Auberginenscheiben bedecken. Im Ofen 10 Minuten gratinieren.

Schnellere Variation: Steinpilze weglassen.

Beilagen-Tipp: Tomaten-Salat (siehe Kapitel «Salate»).

Tipps: Kalt als Vorspeise servieren. Geeignet zum Mitnehmen.

HACKBRATEN MIT EI

Vor- und Zubereitung: 30 Minuten

4 Personen

1. Schalotte, Knoblauch und Petersilie fein hacken. Zucchetti beidseitig kappen, Karotte schälen, grobfasrige Teile beim Lauch entfernen und Gemüse fein reiben. Zum Hackfleisch und zu den Eiern geben und mit Meersalz und Pfeffer abschmecken. Gut kneten, bis eine kompakte Masse entsteht. Viereckigen Hackbraten formen.
2. Harte Eier schälen. Hackbraten oben öffnen und beide Eier hineinlegen, wieder gut schliessen.
3. Hackbraten in der Butter bei starker Hitze rundum gut anbraten. Erst wenden, wenn sich eine Kruste gebildet hat, dabei Braten mit zwei Bratschaufeln zusammendrücken, damit dieser nicht auseinanderfällt. Anschliessend zugedeckt bei mittlerer Hitze fertig braten.

1 Schalotte
1 Knoblauchzehe
etwas Petersilie, glatt
½ Zucchetti, klein
1 Karotte, klein
1 Lauchstange, klein
800 g Hackfleisch
2 Eier
Meersalz
wenig Pfeffer aus Mühle
2 Eier, hart gekocht
2 EL Butter

Variation
Harte Eier weglassen und runde Hackfleischfrikadellen daraus formen (die Hälfte der Zutaten für 2 Personen verwenden).

Beilagen-Tipp: Rucola-Tomaten-Salat (siehe Kapitel «Salate»), Blumenkohl oder Broccoli (siehe Kapitel «Gemüse»).

Tipp: Wenn eine grössere Portion zubereitet wird, Hackbraten in zwei Teile teilen, sonst kann dieser nicht gewendet werden und fällt auseinander.

Rest: Im Dampf oder in wenig siedendem Wasser oder leichter Rinderbrühe aufwärmen (bleibt auf diese Weise schön feucht).

HACKFLEISCHFRIKADELLEN IN WIRZ MIT WIRZGEMÜSE

2 Personen

1 Wirz, gross
1 Schalotte
etwas Petersilie, glatt oder
gekraust
1 Karotte, klein
1 Lauchstange, klein
1 Zucchetti
400 g Hackfleisch
1 Ei
Meersalz
Pfeffer aus Mühle
5 EL Olivenöl
1.5 dl Gemüsebrühe

Vor- und Zubereitung: 35 Minuten

1 6 grosse äussere Wirzblätter vorsichtig abnehmen und in wenig siedendem Wasser kurz blanchieren. Mit Lochkelle aus dem Wasser heben und auf einem grossen Schneidebrett abkühlen lassen. Mit Küchenpapier vorsichtig abtupfen. Grobe Rippen flach schneiden oder entfernen.

2 Schalotte und Petersilie fein hacken, Karotte schälen und fein reiben. Grobfasrige Teile beim Lauch entfernen, Stange fein reiben. Zucchetti beidseitig kappen und ebenfalls fein reiben.

3 Zutaten mit Hackfleisch und Ei gut kneten, bis eine kompakte Masse entsteht, mit Meersalz und wenig Pfeffer würzen. 6 kleine Hackfleischfrikadellen formen und je mit einem Wirzblatt gut umhüllen. Wirzpäckli in 2 Esslöffel Olivenöl auf beiden Seiten offen stark anbraten. Mit wenig Meersalz würzen und 0.5 dl Brühe zugeben. Bei mittlerer Hitze zugedeckt 15 bis 20 Minuten garen.

4 Inzwischen restlichen Wirz vierteln, harten Strunk und grobe Rippen entfernen und grob zerkleinern. In 3 Esslöffel Olivenöl stark anbraten. Würzen, 1 dl Brühe angiessen und zugedeckt bei mittlerer Hitze 15 bis 20 Minuten weich garen.

Rest: Hackfleischfrikadellen am nächsten Tag kalt servieren, im Dampf oder in wenig siedendem Wasser oder leichter Gemüsebrühe aufwärmen (bleiben auf diese Weise schön feucht).

108

HACKFLEISCH IN PATISSON

Vor- und Zubereitung: 20 Minuten
Backofen vorheizen: 180 °C
Backen: etwa 40 Minuten (Mitte Backofen)

2 Personen

2 Patissons (je ca. 800 g)
Meersalz
400 g Hackfleisch
1 EL Olivenöl
1 Zwiebel oder ½ Lauchstange
3 dl Gemüsebrühe
wenig italienische Kräuter, getrocknet
Pfeffer aus Mühle

1 Patissons schälen, Deckel wegschneiden. Mit einem Löffel Kerne und Fasern herauskratzen. Auf ein Backblech setzen und Patissons innen mit Meersalz würzen. 20 Minuten im Ofen vorbacken.
2 Inzwischen Hackfleisch im Olivenöl anbraten. Zwiebel (oder Lauchstange) fein hacken und mitbraten. Brühe angiessen. Mit Kräutern, Meersalz und Pfeffer abschmecken und offen kurz weiterbraten.
3 Patissons mit Hackfleischfüllung und etwas Flüssigkeit füllen und Deckel aufsetzen. Braten bis diese gar sind (etwa 20 Minuten, Gemüse muss weich sein, aber Form noch halten). Eventuell etwas Brühe über Patissons giessen, damit sie nicht austrocknen.

Variation
1 grossen Patisson (etwa 1.5 kg) dafür verwenden. Backzeit verlängert sich.

Beilagen-Tipp: Gemischter Salat oder Quinoa (siehe Kapitel «Quinoa»).

HACKFLEISCH-PALEO-MUFFINS

Vor- und Zubereitung: 25 Minuten
Backofen vorheizen: 200 °C
Backen: 20 Minuten (Mitte Backofen)
Spinat ein paar Stunden vorher auftauen

6 Personen / 18 Stück

1 EL Butter, weich
180 g Champignons
1 Zwiebel
1 EL Olivenöl
300 g Spinat, tiefgekühlt
2 Karotten
1 Knoblauchzehe
1 kg Hackfleisch
4 Eier
Meersalz
Pfeffer aus Mühle

1 Muffinblech oder Muffinförmchen mit Butter einfetten.
2 Pilze putzen. Mit Zwiebel fein hacken und im Olivenöl offen braten, bis die Eigenflüssigkeit verdampft ist. Aufgetauten Spinat auspressen. Karotten schälen und fein reiben, Knoblauch fein hacken.
3 Alle Zutaten mit Hackfleisch und Eiern gut kneten, bis eine kompakte Masse entsteht. Mit Meersalz und Pfeffer abschmecken. Je eine Handvoll Hackfleischmasse zu Kugel formen, in Blechvertiefungen oder Förmchen füllen und leicht andrücken. Im Ofen backen. Lauwarm oder kalt servieren.

Variation
Anstatt Beilage etwas Tomatensauce dazu servieren (Rezept siehe Auberginen mit Vinaigrette, Kapitel «Vorspeisen»).

Rest: Gebackene Muffins können tiefgekühlt werden. Im Dampfkörbchen oder in wenig siedendem Wasser oder leichter Rinderbrühe aufwärmen (bleiben auf diese Weise schön feucht).

Beilagen-Tipp: Tomaten-Salat mit Zwiebeln (siehe Kapitel «Salate») oder Paprika mit Vinaigrette (siehe Kapitel «Gemüse»). Zuerst Paprika-Beilage im Ofen backen, inzwischen Muffins vorbereiten, Hitze reduzieren, Ofentüre kurz offen lassen (damit die Temperatur sinkt) und Muffinblech oder -förmchen hineinstellen.

Tipps: Reste von roher Hackfleischmasse können als Hackfleischfrikadellen in wenig Butter gebraten werden.
Geeignet zum Mitnehmen.

HACKFLEISCH-ZUCCHETTI ALFREDO

2 Personen

4 Zucchetti, gross
etwas Petersilie, glatt
300 g Hackfleisch
1 Ei
Meersalz
3 bis 4 EL Olivenöl
1 aromatische Tomate
1 Knoblauchzehe

Vor- und Zubereitung: 40 Minuten

1 Zucchetti beidseitig kappen, halbieren. Beide Zucchettihälften bis zu einem Rand von etwa ½ cm aushöhlen. Einen Drittel des Zucchettifleisches fein hacken.
2 Petersilie fein hacken und mit Hackfleisch, Ei und gehacktem Zucchettifleisch gut kneten, bis eine kompakte Masse entsteht. Mit Meersalz würzen und in Zucchettihälften füllen. Beidseitig gut andrücken. Im Olivenöl bei starker Hitze braten, bis sie leicht braun sind.
3 Tomate halbieren, Stielansatz entfernen, Tomate entkernen und Fruchtfleisch würfeln. Tomatenwürfel und Knoblauch zu den gefüllten Zucchetti geben, würzen. Bei starker Hitze etwa 5 bis 10 Minuten offen braten. Anschliessend bei mittlerer Hitze zugedeckt weich garen. Knoblauch entfernen.

Beilagen-Tipp: Gurken-Tomaten-Salat (siehe Kapitel «Salate»).

Tipps: Falls Zucchetti und Tomate zu viel Flüssigkeit abgeben, offen einkochen lassen.
Geeignet zum Mitnehmen.

Vorrat: Mehr Hackfleisch zubereiten. Zugedeckt über Nacht im Kühlschrank lagern, Hackfleischfrikadellen formen und am nächsten Tag in etwas Butter braten.

KALBSBRATEN AN KRÄUTERN

Vor- und Zubereitung: 20 Minuten
Schmoren: 2 Stunden
Ruhen lassen: 10 bis 15 Minuten
Fleisch 1 Stunde vorher aus dem Kühlschrank nehmen

1 Braten im Bratfett (Olivenöl und Butter) bei starker Hitze von allen Seiten goldbraun anbraten. Hitze reduzieren und Kalbsbraten würzen.
2 Rosmarin und Salbei auf angebratenes Fleisch legen und Bratpfanne mit Deckel gut verschliessen (sollte dicht sein, dann braucht es keine zusätzliche Flüssigkeit). Schmoren und mehrmals wenden. 10 bis 15 Minuten zugedeckt ruhen lassen.

Beilagen-Tipp: Rotkabis oder Stangenbohnen-Salat (siehe Kapitel «Gemüse»).

3 bis 4 Personen

1 kg Kalbsbraten (Schulter)
6 EL Olivenöl
3 EL Butter
Meersalz
2 bis 3 Rosmarinzweige
2 bis 3 Salbeizweige

KALBSBRATEN IN SALZKRUSTE

4 Personen

800 g Kalbsnierstück
1 EL Butter
Pfeffer aus Mühle
1 Msp. Muskatpulver
1 Ei
100 g Meersalz, grob

Vor- und Zubereitung: 10 Minuten
Backofen vorheizen: 200 °C
Braten: 30 Minuten (Mitte Backofen)
Ruhen lassen: 10 Minuten
Fleisch 1 Stunde vorher aus Kühlschrank nehmen

1 Kalbsnierstück in der Butter bei mittlerer Hitze auf jeder Seite 3 Minuten anbraten. Aufsetzen und Enden kurz anbraten. Mit wenig Pfeffer und Muskat würzen.
2 Inzwischen Eiweiss verquirlen und mit Meersalz verrühren. Angebratenes Fleisch mehrmals darin wenden. Aus der Ei-Salz-Masse herausnehmen, wenig abtropfen lassen und auf ein mit Backpapier ausgelegtem Blech legen. Im Ofen braten (eventuell zur Sicherheit das Fleischthermometer einstecken, Kerntemperatur sollte ca. 65 °C erreichen). Backofentüre öffnen und etwa 10 Minuten ruhen lassen. Tranchieren.

Beilagen-Tipp: Avocado-Tomaten-Salat (siehe Kapital «Salate») oder Backofengemüse (siehe Kapitel «Gemüse»). Gemüse gleich mit Kalbsnierstück im Ofen braten.

KALBSKOTELETT MEXIKANISCHE ART

Vor- und Zubereitung: 15 Minuten
Marinieren: 1 Stunde
Fleisch 30 Minuten vorher aus dem Kühlschrank nehmen

1 Für die Marinade Knoblauch pressen, Zwiebel fein hacken, Peperoncino entkernen und fein hacken. Mit Olivenöl und Pfeffer vermengen.
2 Koteletten mit Marinade einstreichen und zugedeckt im Kühlschrank 1 Stunde marinieren.
3 Grillpfanne mit Olivenöl ausstreichen oder Öl in Bratpfanne geben, erhitzen. Marinade mit Küchenpapier leicht abtupfen und Koteletten hineinlegen. Erste Seite etwa 5 Minuten scharf anbraten. Erst wenden, wenn sich das Fleisch gut vom Pfannenboden lösen lässt. Hitze reduzieren, gebratene Seite würzen. Zweite Seite etwa 5 bis 7 Minuten bei mittlerer Hitze fertig braten.

Beilagen-Tipp: Chicorée-Salat (siehe Kapitel «Salate»), Cima di Rapa oder Spargel mit Vinaigrette (Vinaigrette weglassen), siehe Kapitel «Gemüse».

2 Personen

2 Kalbskoteletten mit Knochen
1 EL Olivenöl
Meersalz

Marinade:
2 Knoblauchzehen
1 Zwiebel, klein
¼ Peperoncino, frisch
4 EL Olivenöl
Pfeffer aus Mühle

KALBSLEBER ALLA VENEZIANA

2 Personen

3 bis 4 Zwiebeln

ein paar Salbeiblätter

1 EL Olivenöl

2 EL Butter

Meersalz

Pfeffer aus Mühle

3 bis 4 Kalbsleberplätzli, dünn

2 EL Rotweinessig

Vor- und Zubereitung: 25 Minuten

1 Zwiebeln in feine Ringe schneiden und mit Salbeiblättern im Bratfett (Olivenöl und Butter) bei schwacher Hitze zugedeckt weich dünsten. Mit Meersalz und Pfeffer leicht würzen. An den Pfannenrand schieben.
2 Leber kalt abbrausen, mit Küchenpapier abtupfen. Hitze erhöhen, Leberplätzli und Rotweinessig beifügen und bei starker Hitze auf jeder Seite 1 bis 2 Minuten braten (sollten innen leicht rosa sein, aber nicht blutig). Würzen und anrichten. Zwiebelringe und Salbei darüber verteilen.

Beilagen-Tipp: Jungspinat-Salat (siehe Kapitel «Salate») oder Broccoli, Fenchel (siehe Kapitel «Gemüse»).

KALBSLEBER-SPIESSE

Vor- und Zubereitung: 15 Minuten

2 Personen

1 Leber kalt abbrausen, mit Küchenpapier abtupfen. Längs in etwa 2 ½ cm breite Streifen schneiden. Leicht würzen.

2 Specktranchen auf Arbeitsfläche ausbreiten und je einen Kalbsleberstreifen darauf legen. Je ein Salbeiblatt auf Kalbsleber legen und aufrollen. Auf Spiesse stecken.

3 Im Olivenöl rundum anbraten. Hitze reduzieren und zugedeckt fertig braten (sollten innen noch rosa sein, aber nicht blutig).

400 g Kalbsleberplätzli
Meersalz
Pfeffer gemischt aus Mühle
100 g Frühstücksspeck
Salbeiblätter
4 Holzspiesse
2 EL Olivenöl

Variation
Ofen und Platte auf 80 °C vorheizen. Salbei und Frühstücksspeck weglassen und dafür Rosmarinnadeln auf Kalbsleberstreifen verteilen. Wellenförmig auf Spiesse stecken und bei mittlerer Hitze 3 Minuten in wenig Olivenöl anbraten. Auf warme Platte legen und etwa 10 Minuten im Ofen fertig garen.

Beilagen-Tipp: Gurken-Tomaten-Salat (siehe Kapitel «Salate») oder Tomatenscheiben im Backofen (oder Variationen davon), siehe Kapitel «Gemüse».

Tipp: Holzspiesse vor Gebrauch 30 Minuten in kaltes Wasser einlegen. Fleisch lässt sich einfacher ablösen.

KALBS-SALTIMBOCCA

2 Personen

4 bis 6 dünne Kalbsschnitzel
4 bis 6 Salbeiblätter
4 bis 6 Tranchen Rohschinken
Meersalz
Pfeffer aus Mühle
Paprikapulver, süss
2 EL Olivenöl oder Butter
1 dl Rinderbrühe, mild (oder
Wasser)

Vor- und Zubereitung: 15 Minuten
Fleisch 30 Minuten vorher aus dem Kühlschrank nehmen

1 Kalbsschnitzel auf Arbeitsfläche auslegen. Je ein Salbeiblatt und eine Tranche Rohschinken auf Schnitzel legen. Mit je einem Zahnstocher befestigen. Nicht belegte Seite leicht würzen.
2 Bratfett in der Bratpfanne erhitzen, Kalbsschnitzel mit der belegten Seite hineinlegen und Rohschinken kurz knusprig braten. Wenden. Hitze reduzieren und zweite Seite kurz fertig braten. Anrichten.
3 Brühe (oder Wasser) in Bratpfanne giessen und Fond auflösen. Flüssigkeit auf Saltimbocca giessen.

Variationen
Huhn- oder Putenbrust anstatt Kalbsschnitzel verwenden.

Mit Fisch
400 g weisse Fischfilets (Flunder, Goldbutt, Rotzunge etc.) verwenden. In wenig Olivenöl braten und Fond mit wenig Gemüsebrühe oder Wasser auflösen.

Beilagen-Tipp: Gurken-Salat (siehe Kapitel «Salate») oder Broccoli (siehe Kapitel «Gemüse»).

KALBSSCHNITZEL
AN ZITRONENSAUCE

Vor- und Zubereitung: 10 Minuten
Marinieren: 30 Minuten
Fleisch 30 Minuten vorher aus dem Kühlschrank nehmen
Backofen vorheizen: 60 °C

2 Personen

400 g Kalbsschnitzel
1 EL Olivenöl
Meersalz
1 TL Petersilie, glatt

Zitronensauce:
2 Zitronen, unbehandelt
1 EL Olivenöl
Pfeffer aus Mühle

1 Für die Sauce Zitronen pressen (Schale von ½ Zitrone beiseite legen) und mit Olivenöl und Pfeffer verrühren. Fleisch in Sauce legen und zugedeckt 30 Minuten marinieren.

2 Kalbsschnitzel abtropfen lassen und erste Seite im Olivenöl kurz scharf anbraten. Erst wenden, wenn es sich gut vom Pfannenboden lösen lässt. Hitze reduzieren, gebratene Seite mit Meersalz würzen. Zweite Seite bei mittlerer Hitze kurz fertig braten. Fleisch zugedeckt im Ofen warm stellen.

3 Petersilie fein hacken und beiseite gelegte Zitronenschale abreiben (nur gelber Teil). Restliche Marinierflüssigkeit in Bratpfanne geben und aufkochen. Gehackte Petersilie und geriebene Zitronenschale beifügen und kurz einköcheln lassen. Kalbsschnitzel anrichten und mit Zitronensauce übergiessen.

Beilagen-Tipp: Karotten-Salat (siehe Kapitel «Salate») und Mangold (siehe Kapitel «Gemüse»).

KALBSSCHNITZEL ROSMARIN MIT ZITRONENPESTO
Niedergaren

2 Personen

4 Rosmarinzweige (je 20 cm lang)

2 Kalbssteaks (je 200 g)

1 EL Butter

Meersalz

Pfeffer aus Mühle

Zitronenpesto:

1 Zitrone, unbehandelt

3 EL Pinienkerne

2 EL Olivenöl

Himalayasalz

Pfeffer aus Mühle

Vor- und Zubereitung: 15 Minuten
Backofen, ofenfeste Platte/Gratinform und Teller vorheizen: 80 °C
Niedergaren: 30 Minuten (Mitte Backofen)
Fleisch 30 Minuten vorher aus dem Kühlschrank nehmen

1 Je zwei Rosmarinzweige mit Küchenschnur unten zusammenbinden, um die Kalbsschnitzel legen und oben zusammenbinden, sodass sich der Rosmarin zu einem Kranz um die Steaks schliesst.

2 Steaks beidseitig je 2 Minuten in der Butter scharf anbraten. Würzen, in vorgewärmte Platte oder Gratinform legen. Fleischthermometer an dickster Stelle einstecken und niedergaren (Kerntemperatur des Fleisches sollte 60 °C betragen, kann bei 60 °C noch 30 Minuten warm gehalten werden).

3 Für den Zitronenpesto die Hälfte der Schale abreiben (nur gelber Teil) und 1 Esslöffel Saft pressen. Pinienkerne fein hacken und mit Olivenöl, wenig Himalayasalz und Pfeffer abschmecken. Zum Fleisch servieren.

Beilagen-Tipp: Fenchel-Salat (Erdbeeren weglassen) oder Stangensellerie-Salat (siehe Kapitel «Salate»).

Tipp: Dieser Pesto passt auch gut zu grilliertem Kalbfleisch (in der Grillpfanne oder auf dem Grill zubereitet).

LAMMKOTELETT
MIT KRÄUTERHAUBE

Vor- und Zubereitung: 30 Minuten
Fleisch 30 Minuten vorher aus dem Kühlschrank nehmen

1 Für die Kräuterhaube Pinienkerne ohne Fettzugabe rösten. Mit Zwiebel und Knoblauch fein hacken, alles im Bratfett (Olivenöl und Butter) andünsten. Kräuter fein hacken und kurz mitdünsten. Mit Meersalz leicht würzen.
2 Koteletten kalt abbrausen, mit Küchenpapier abtupfen. Erste Seite im Olivenöl etwa 2 bis 4 Minuten scharf anbraten. Erst wenden, wenn sich das Fleisch gut vom Pfannenboden lösen lässt. Hitze reduzieren, gebratene Seite würzen. Zweite Seite bei mittlerer Hitze etwa 2 bis 4 Minuten fertig braten. Koteletten sollten innen noch rosa sein, aber nicht blutig.
3 Fleisch in den Kräutern wenden, anrichten und restliche Kräutermasse darauf verteilen.

Beilagen-Tipp: Fenchel oder Kohlrabi (siehe Kapitel «Gemüse»).

2 Personen

6 Lammkoteletten mit Knochen
2 EL Olivenöl
Meersalz
Pfeffer aus Mühle

Kräuterhaube:
25 g Pinienkerne
1 Zwiebel
2 Knoblauchzehen
5 EL Olivenöl
50 g Butter
4 EL Kräuter gemischt (nach Belieben; Petersilie, Basilikum, Schnittlauch, Thymian, Rosmarin, Salbei)
Meersalz

KALBS-SPIESSE FEINSCHMECKER-ART

Vor- und Zubereitung: 30 Minuten

2 Personen

1 Crevetten kalt abbrausen, mit Küchenpapier abtupfen. Fleisch in etwa 3 cm grosse Quadrate schneiden.
2 Paprikaschote entkernen, weisse Rippen entfernen und in Würfel schneiden. Zwiebel vierteln, Zucchetti beidseitig kappen, längs halbieren und in Scheiben schneiden. Alle Zutaten abwechslungsweise auf Spiesse stecken.
3 Für die Marinade frische Kräuter und Peperoncino fein hacken, Knoblauch dazupressen und mit restlichen Zutaten verrühren. Spiesse einstreichen und kurz ziehen lassen. In Grillpfanne oder Bratpfanne rundum braten.
4 Zitrone in Schnitzen dazu reichen.

Variationen
Auf dem Grill zubereiten (feuerfeste Spiesse benutzen). Anderes Fleisch (Huhn, Lamm, etc.) und Gemüse verwenden. Wer mag, kann bei der Marinade das Olivenöl durch Kokosmilch ersetzen.

Beilagen-Tipp: Löwenzahn-Tomaten-Salat (siehe Kapitel «Salate»).

Tipps: Holzspiesse vor Gebrauch 30 Minuten in kaltes Wasser einlegen. Fleisch lässt sich einfacher ablösen.
Ein paar Stunden vorher zubereiten und in der Marinade (ohne Salz) zugedeckt kühl stellen.

4 Riesencrevettenschwänze oder Scampi, roh und geschält
200 g Kalbsmedaillon oder Rindshuft, am Stück
1 Paprikaschote, Farbe nach Belieben
1 rote Zwiebel
1 Zucchetti, klein
4 Champignons, klein
4 Cherrytomaten
1 EL Olivenöl
1 Zitrone
4 Holzspiesse

Marinade:
8 EL Olivenöl
Kräuter frisch und/oder getrocknet, nach Belieben
wenig Peperoncino, frisch
1 Knoblauchzehe
Meersalz
Pfeffer aus Mühle

OSSOBUCO CASALINGA

2 Personen

2 Tomaten
1 Lauchstange, klein
1 Zwiebel
2 Karotten
½ Knollensellerie
4 Kalbshaxen
Meersalz
Pfeffer aus Mühle
wenig Paprikapulver, süss
2 EL Olivenöl
0.5 l Rinderbrühe
1 Knoblauchzehe
1 Zitrone, unbehandelt
wenig Rosmarinnadeln
wenig Salbeiblätter
wenig Petersilie, glatt oder
gekraust

Vor- und Zubereitung: 20 Minuten
Schmoren: 1 ½ Stunden
Fleisch 30 Minuten vorher aus dem Kühlschrank nehmen

1 Tomaten halbieren, Stielansatz entfernen und Tomaten entkernen. Grobfasrige Teile beim Lauch entfernen. Karotten und Sellerie schälen. Tomatenfruchtfleisch, Lauch, Zwiebel, Karotten und Sellerie klein würfeln.
2 Haxen mit Küchenpapier abtupfen. Mit Meersalz, Pfeffer und Paprika würzen. Im Olivenöl auf beiden Seiten scharf anbraten. Gemüsewürfelchen kurz mitdünsten.
3 Brühe angiessen, aufkochen. Knoblauch dazupressen und kleines Stück Zitronenschale (nur gelber Teil) beifügen. Rosmarin und Salbei fein hacken und untermischen. Auf kleinem Feuer zugedeckt schmoren. Mehrmals wenden. Mit Meersalz nachwürzen.
4 Petersilie fein hacken und darüberstreuen.

Rest: Ossobuco kann tiefgekühlt werden.

Beilagen-Tipp: Stangenbohnen (siehe Kapitel «Gemüse»).

HUHN AUF RATATOUILLE

Vor- und Zubereitung: 15 Minuten
Backofen vorheizen: 240 °C
Braten: 20 Minuten (Mitte Backofen) plus
45 Minuten (untere Hälfte des Backofens)

2 Personen

1 Huhn (etwa 1 kg)
4 bis 6 EL Olivenöl
Meersalz
Pfeffer aus Mühle
15 Knoblauchzehen

1 Huhn kalt abbrausen, mit Küchenpapier innen und aussen trocken tupfen. Olivenöl, Meersalz und Pfeffer verrühren und das Huhn innen und aussen einstreichen. Auf ein mit Backpapier ausgelegtem Blech legen. Geschälten Knoblauch halbieren und Hühnerbauch damit füllen. Mit Zahnstochern verschliessen (am besten übers Kreuz durch die Haut stechen). Schenkel mit Küchenschnur zusammenbinden. 20 Minuten offen in der Mitte des Ofens braten.

2 Inzwischen Enden der Aubergine kappen und Gemüsefrucht grob würfeln, Zucchetti beidseitig kappen, längs halbieren und in Stücke schneiden, Paprikaschote entkernen, weisse Rippen entfernen und Fruchtfleisch grob würfeln. Zwiebel halbieren und in Halbringe schneiden und ungeschälte Knoblauchzehen halbieren. Mit Tomaten, Rosmarin, Olivenöl, Meersalz und Pfeffer in ein grosses Bratgeschirr (mit Deckel) legen und vermengen. Huhn mit der Brust nach oben darauf legen und offen in der unteren Hälfte des Ofens 25 Minuten braten.

3 Brühe angiessen und Ratatouille vorsichtig untereinander vermengen. Zugedeckt 20 Minuten fertig braten.

Ratatouille:
1 Aubergine, klein
1 Zucchetti, klein
1 Paprikaschote, Farbe nach Belieben
1 Zwiebel
3 Knoblauchzehen
250 g Cherrytomaten
1 EL Rosmarinnadeln
4 EL Olivenöl
Meersalz
Pfeffer aus Mühle
1 dl Gemüsebrühe

Variationen
Anstatt Knoblauchzehen 1 unbehandelte Zitrone und 1 Rosmarinzweig in die Bauchhöhle geben.
Anderes Gemüse verwenden.

Tipp: Knoblauchzehen aus dem Inneren des Huhns dazu servieren.

HÜHNERBRUST-BRUSCHETTA

Vor- und Zubereitung: 20 Minuten

2 Personen

1 Für die Salsa Tomaten halbieren, Stielansatz entfernen, Tomaten entkernen und Fruchtfleisch in etwa ½ cm grosse Quadrate schneiden. Basilikum zerzupfen, Zwiebel grob hacken, Knoblauch dazupressen. Mit Olivenöl, Balsamico-Essig, Himalayasalz und Pfeffer abschmecken.
2 Huhn kalt abbrausen, mit Küchenpapier abtupfen. Grillpfanne mit Olivenöl ausstreichen oder Öl in Bratpfanne geben, erhitzen. Brüstchen braten und würzen. Anrichten. Tomatensalsa darauf verteilen.

Variationen
Putenbrust verwenden.
Oregano oder Rucola anstatt Basilikum verwenden.

Beilagen-Tipp: Zucchetti-Salat roh (siehe Kapitel «Salate») oder Spinat (siehe Kapitel «Gemüse»).

Tipps: Grössere Mengen Hühnerbrüstchen portionenweise braten und im Ofen bei 60 °C zugedeckt warm stellen.
Hühnerbrust grillen.
Als Vorspeise geeignet.

400 g Hühnerbrüstchen
2 EL Olivenöl
Meersalz
Pfeffer aus Mühle

Tomatensalsa:
4 aromatische Tomaten (z.B. Peretti)
6 Basilikumblätter
1 Frühlingszwiebel
1 Knoblauchzehe
3 EL Olivenöl
1 TL Balsamico-Essig, dunkel
Himalayasalz
wenig Pfeffer aus Mühle

HÜHNERBRUST MIT SÜSSKARTOFFEL-SPINAT AN KOKOSMILCH

Vor- und Zubereitung: 30 Minuten
Marinieren: 1 Stunde

2 Personen

1 Brüstchen kalt abbrausen, mit Küchenpapier abtupfen. Grob würfeln. Zwiebel fein hacken. Mit Huhn und Curry vermengen und zugedeckt im Kühlschrank marinieren. Süsskartoffeln schälen und in etwa 2 cm grosse Würfel schneiden.

2 Marinierte Hühnerwürfel im Bratfett (Olivenöl oder Kokosfett) anbraten. Mit Meersalz würzen. Süsskartoffelwürfel und Kokosmilch beifügen, aufkochen und bei mittlerer Hitze offen 10 Minuten köcheln lassen.

3 Spinat zugeben und zudecken. Weiterköcheln, bis Süsskartoffeln gar sind. Mit Meersalz und Pfeffer abschmecken.

400 g Hühnerbrüstchen
½ rote Zwiebel
2 EL Currypulver, mild
1 EL Olivenöl oder Kokosfett
2 Süsskartoffeln
Meersalz
5 dl Kokosmilch, ungesüsst
400 g Spinat, frisch
wenig Pfeffer aus Mühle

HÜHNERBRUST MIT ZUCCHETTI-STÄBCHEN

2 Personen

1 l Hühnerbrühe, kräftig
1 Rosmarinzweig
4 Hühnerbrüstchen
4 Zucchetti, klein

Tomatenwürfel:
2 Tomaten, klein
1 EL Zitronensaft
3 EL Rotweinessig
4 EL Olivenöl
Himalayasalz
Pfeffer aus Mühle

Vor- und Zubereitung: 30 Minuten

1 Brühe mit Rosmarin aufkochen.
2 Huhn kalt abbrausen, mit Küchenpapier abtupfen. Mit Zucchetti zur Brühe geben. Zum Kochen bringen. Hitze reduzieren und unter dem Siedepunkt zugedeckt etwa 15 Minuten ziehen lassen (Brühe sollte sich nur leicht bewegen und kleine Blasen aufsteigen).
3 Inzwischen für die Tomatenwürfel Tomaten halbieren, Stielansatz entfernen, Tomaten entkernen und Fruchtfleisch klein würfeln. Mit 1 Esslöffel Hühnerbrühe, Zitronensaft, Rotweinessig und Olivenöl vermengen. Würzen.
4 Huhn und Zucchetti mit Lochkelle aus der Brühe heben und Flüssigkeit beiseite stellen. Zucchetti halbieren und in Stäbchen schneiden. Mit Hühnerbrüstchen anrichten und Tomatenwürfel darauf verteilen.

Tipp: Brühe als Suppe verwenden.

HÜHNERLEBER ITALIENISCHE ART

Vor- und Zubereitung: 20 Minuten
Hühnerleber ein paar Stunden vorher auftauen

2 Personen

1 Zwiebel oder Schalotte

1 rote Paprikaschote

3 Selleriestangen

1 EL Butter

1 EL Petersilie, glatt

Meersalz

Pfeffer aus Mühle

400 g bis 500 g Hühnerleber, frisch oder tiefgekühlt

2 EL Olivenöl

1 Zwiebel fein hacken. Paprikaschote entkernen, weisse Rippen entfernen und Fruchtfleisch klein würfeln. Sellerie ohne Grün in feine Streifen schneiden. Zutaten in der Butter bei mittlerer Hitze zugedeckt weich garen. Petersilie fein hacken und unterrühren. Mit Meersalz und Pfeffer abschmecken.

2 Leber kalt abbrausen, mit Küchenpapier abtupfen und im Olivenöl offen bei starker Hitze etwa 8 bis 10 Minuten braten (sollte innen leicht rosa sein, aber nicht blutig). Würzen und mit Gemüse vermengen.

Beilagen-Tipp: Feldsalat

HÜHNERSCHENKEL MIT BALSAMICO-ESSIG

2 Personen

5 bis 6 Hühnerunterschenkel
oder 4 Hühnerschenkel
1 EL Olivenöl
1 EL Balsamico-Essig, dunkel
1 EL Rosmarinnadeln
Meersalz
wenig Pfeffer aus Mühle

Vor- und Zubereitung: 10 Minuten
Backofen vorheizen: 220 °C
Braten: 30 bis 35 Minuten (Mitte Backofen)

1 Huhn kalt abbrausen, mit Küchenpapier abtupfen.
2 Mit den restlichen Zutaten würzen. Auf ein mit Backpapier ausgelegtes Blech legen und im Ofen braten.

Variation Hühnerschenkel gespickt
Hühnerschenkel auf der Hautseite dreimal bis auf den
Knochen einschneiden. Mit Meersalz würzen. Rund 30
Basilikumblätter klein schneiden und 2 Knoblauchzehen
fein hacken, vermengen und in die Einschnitte füllen.
Schenkel mit der Hautseite nach oben auf ein mit Back-
papier ausgelegtes Blech legen und mit 2 Esslöffel Oli-
venöl beträufeln. Im Ofen backen.

Beilagen-Tipp: Cherrytomaten kunterbunt, Tomatenscheiben im Backofen (siehe Kapitel «Gemüse») oder
Variationen davon nach einer Weile (je nach Bratzeit)
mit aufs Blech geben.

HÜHNERSCHENKEL MIT KOHLRABI
UND SÜSSKARTOFFELN

Vor- und Zubereitung: 10 Minuten
Backofen vorheizen: 220 °C
Braten: 60 Minuten (Mitte Backofen)

1 Huhn kalt abbrausen, mit Küchenpapier abtupfen. In Bratgeschirr (mit Deckel) legen. Mit 4 Esslöffel Olivenöl, Meersalz, Pfeffer und Paprika würzen. 5 Minuten offen im Ofen braten, wenden und nochmals 5 Minuten weiterbraten.

2 Inzwischen Kohlrabi schälen und mit Süsskartoffeln in etwa 2 bis 3 cm grosse Würfel schneiden. Mit 2 Esslöffel Olivenöl, Rosmarinnadeln und Meersalz mischen. Zum Huhn geben und etwa 50 Minuten zugedeckt braten.

2 Personen

4 Hühnerschenkel, gross
6 EL Olivenöl
Meersalz
Pfeffer aus Mühle
wenig Paprikapulver, süss
500 g Kohlrabi
500 g Süsskartoffeln
2 Rosmarinzweige

HÜHNERSCHENKEL
MIT PAPRIKA ALFREDO

2 Personen

Vor- und Zubereitung: 40 Minuten

4 Hühnerschenkel oder -unter-
schenkel

3 EL Olivenöl

Meersalz

Pfeffer aus Mühle

4 gelbe Paprikaschoten

2 Knoblauchzehen

1 EL Rosmarinnadeln

1 Tomate, klein

1 Huhn kalt abbrausen, mit Küchenpapier abtupfen. Im Olivenöl rundum etwa 5 Minuten scharf anbraten. Mit Meersalz und wenig Pfeffer würzen.

2 Inzwischen Paprikaschoten entkernen, weisse Rippen entfernen und Fruchtfleisch in Streifen schneiden. Schotenstreifen, Knoblauch und Rosmarin zugeben, mit Meersalz nachwürzen und offen 5 Minuten mitbraten. Tomate halbieren, Stielansatz entfernen, Tomate entkernen und Fruchtfleisch klein würfeln. Beifügen. Hitze reduzieren. Bei mittlerer Hitze zugedeckt garen. Knoblauch vor dem Anrichten entfernen.

Variation
Anstatt Tomate 4 - 6 halbierte Cherrytomaten verwenden.

RINDSVORESSEN EXOTISCH

Vor- und Zubereitung: 15 Minuten
Schmoren 1 ½ Stunden
Fleisch 30 Minuten vorher aus dem Kühlschrank nehmen

2 Personen

1 Ingwer, haselnussgross
1 Zwiebel, klein
2 EL Olivenöl
500 g Rindsvoressen
2 Knoblauchzehen
½ Peperoncino, frisch
2.5 dl Kokosmilch, ungesüsst
½ TL Meersalz
etwas Koriander oder Petersilie

1 Ingwer schälen und mit Zwiebel fein hacken. Im Olivenöl andünsten.
2 Fleisch mit Küchenpapier abtupfen. Bei mittlerer Hitze von allen Seiten anbraten. Knoblauch dazupressen. Peperoncino längs aufschneiden, entkernen und in feine Streifen schneiden. Mitdünsten.
3 Kokosmilch und Meersalz beifügen und bei schwacher Hitze zugedeckt schmoren. Kräuter fein hacken und darüberstreuen.

Rest: Voressen kann tiefgekühlt werden.

Beilagen-Tipp: Broccoli oder Romanesco (siehe Kapitel «Gemüse»).

RINDSFILET AN SÜDAMERIKANISCHER CHIMICHURRI-SAUCE

Vor- und Zubereitung: 20 Minuten
Fleisch 30 Minuten vorher aus dem Kühlschrank nehmen

2 Personen

1 EL Olivenöl
2 Rindsfiletsstücke (je etwa 150 g)
Meersalz

1 Für die Sauce Paprikaschote entkernen, weisse Rippen entfernen. Mit Petersilie, Knoblauch und Oregano fein hacken. Rotweinessig und Olivenöl unterrühren und mit Pfeffer und Himalayasalz abschmecken.
2 Grillpfanne mit Olivenöl ausstreichen, erhitzen. Fleisch mit Küchenpapier abtupfen. Erste Seite etwa 3 bis 4 Minuten scharf anbraten. Erst wenden, wenn es sich gut vom Pfannenboden lösen lässt. Hitze reduzieren, gebratene Seite würzen. Zweite Seite bei mittlerer Hitze etwa 3 Minuten fertig braten. Anrichten und Chimichurri-Sauce dazu servieren.

Chimichurri-Sauce:
1 rote Paprikaschote
3 EL Petersilie, glatt
5 Knoblauchzehen
1 TL Oregano, frisch
1 EL Rotweinessig
1 dl Olivenöl
Pfeffer aus Mühle
Himalayasalz

Beilagen-Tipp: Rucola-Salat (siehe Kapitel «Salate»)

Tipp: Rindsfilet auf dem Grill zubereiten oder niedergaren. Etwa 2 Minuten auf jeder Seite scharf anbraten, würzen, in vorgewärmte Platte oder Gratinform legen, Fleischthermometer an dickster Stelle einstecken und im vorgeheizten Ofen etwa 30 Minuten bei 80 °C niedergaren. Kerntemperatur des Fleisches sollte ca. 55 °C betragen, kann bei 60 °C noch 30 Minuten warm gehalten werden.

ROASTBEEF GESPICKT

2 Personen

600 g Roastbeef

1 TL Senf

2 EL Olivenöl

Meersalz

wenig Pfeffer aus Mühle

4 Thymianzweige, klein

4 Knoblauchzehen

Vor- und Zubereitung: 30 Minuten
Backofen vorheizen: 200 °C
Braten: 20 Minuten (Mitte Backofen)
Fleisch 1 Stunde vorher aus dem Kühlschrank nehmen

1 Fleisch mit Küchenpapier abtupfen. Mit Senf und Olivenöl einstreichen. Würzen und Roastbeef auf ein mit Backpapier ausgelegtem Blech legen. Mit einem spitzen Messer 6 Mal versetzt auf der oberen Seite ins Fleisch schneiden (nur bis zur Fleischmitte).

2 Thymian halbieren, Knoblauch längs teilen. Je eine geschälte, halbe Knoblauchzehe mit einem Thymianzweig in die Einschnitte stecken. Fleischthermometer an dickster Stelle einstecken und im Ofen braten (Kerntemperatur des Fleisches sollte etwa 55 °C bis 60 °C erreichen, kann bei 60 °C noch 30 Minuten warm gehalten werden). Herausnehmen und mit Alufolie bedeckt etwa 10 Minuten ruhen lassen. Tranchieren.

Rest: Für einen Roastbeefsalat verwenden: Ein paar Cherrytomaten halbieren und auf dünn geschnittene Roastbeefscheiben verteilen, Sauce aus Zitronensaft – oder wer es würziger mag, verwendet Rotweinessig – Olivenöl, Himalayasalz und Pfeffer darüberträufeln, 1 hart gekochtes Ei grob hacken und etwas Schnittlauch schneiden, damit bestreuen. Eventuell etwas Rucola unter Fleisch legen.

Beilagen-Tipp: Chinakohl-Salat (siehe Kapitel «Salate»), Rosenkohl mit Walnussbröseln (Walnussbrösel weglassen), Spargelspitzen gebraten oder Spargel mit Vinaigrette (Vinaigrette weglassen), siehe Kapitel «Gemüse».

Tipp: Etwas Gewürz-Butter (am Anfang dieses Kapitels) dazu servieren.

SCHWEINSFILET MIT KAROTTEN

Vor- und Zubereitung: 20 Minuten
Backofen vorheizen: 180 °C
Braten: 25 Minuten (Mitte Backofen)
Ruhen lassen: 10 Minuten
Fleisch 1 Stunde vorher aus dem Kühlschrank nehmen

2 Personen

300 g bis 350 g Schweinsfilet am Stück
8 Tranchen Frühstücksspeck
2 EL Olivenöl
300 g Mini-Karotten oder Bundkarotten
½ TL Meersalz
1 dl Fleischbrühe

Marinade:
1 EL Kräuter gemischt (Salbei, Rosmarin, Thymian)
1 TL Senf
¾ TL Meersalz
Pfeffer aus Mühle

1 Fleisch mit Küchenpapier abtupfen.
2 Für Marinade Kräuter hacken und mit Senf, Meersalz und wenig Pfeffer vermengen. Fleisch damit einstreichen. Speck nebeneinander auf einer Arbeitsfläche auslegen, Fleisch darauf legen und mit Speck umwickeln.
3 Olivenöl in Gratinierpfanne giessen (muss für Herd und Ofen geeignet sein) und auf der Wärmequelle erhitzen. Filet bei starker Hitze 5 Minuten auf jeder Seite scharf anbraten.
4 Karotten schälen und neben das Fleisch legen. Mit Meersalz würzen. Pfanne in den Ofen schieben und Fleisch mit Karotten offen 20 Minuten braten. Brühe angiessen und 5 Minuten offen fertig braten. Aus dem Ofen nehmen und Braten zugedeckt 10 Minuten ruhen lassen. Jus absieben. Fleisch tranchieren und Jus darüberträufeln.

Variation
Wenn Sie keine Mini-Karotten oder Bundkarotten finden, ersetzen Sie diese mit längs geviertelten normalen Karotten.

Tipp: Wenn Sie keine Gratinierpfanne für Herd und Ofen haben, braten Sie das Fleisch in einer Bratpfanne an und geben Sie es anschliessend in ein ofenfestes Bratgeschirr.

SCHWEINSMEDAILLON AN ZUCCHETTI-SALSA
Niedergaren

2 Personen

500 g Schweinsfilet
2 EL Butter
Meersalz
wenig Pfeffer aus Mühle

Zucchetti-Salsa:
2 Zucchetti
1 Rosmarinzweig
1 Oreganozweig
wenig Pfeffer aus Mühle

Vor- und Zubereitung: 15 Minuten
Backofen, ofenfeste Platte/Gratinform und Teller vorheizen: 80 °C
Niedergaren: 25 Minuten (Mitte Backofen)
Fleisch 1 Stunde vorher aus dem Kühlschrank nehmen

1 Fleisch mit Küchenpapier abtupfen, in 10 bis 12 Medaillons schneiden und beidseitig in der Butter bei starker Hitze je 2 Minuten anbraten. Würzen. In vorgewärmte Platte oder Gratinform legen, Fleischthermometer an dickster Stelle einstecken und Fleisch niedergaren. Kerntemperatur des Fleisches sollte zwischen 60 °C und 65 °C betragen, kann bei 60 °C noch 30 Minuten warm gehalten werden.

2 Für die Zucchetti-Salsa 2 dl bis 3 dl Meersalzwasser aufkochen, Zucchetti beidseitig kappen und längs halbieren. Zucchetti mit Rosmarin und Oregano dem Wasser zugeben und offen weich garen. Mit Lochkelle oder Gabel aus Sud herausheben und mit wenig Kochflüssigkeit pürieren. Mit wenig Pfeffer würzen und zu Fleisch servieren.

Beilagen-Tipp: Ratatouille (siehe Kapitel «Gemüse»).

Tipp: Zucchetti-Salsa passt auch zu anderen Fleisch- und Fisch-Speisen.

SIEDFLEISCH MIT VINAIGRETTE

Vor- und Zubereitung: 10 Minuten

1 Für die Vinaigrette Tomaten entkernen und mit Oliven klein würfeln, Schalotte und Petersilie fein hacken. Mit den restlichen Zutaten vermengen.
2 Siedfleisch erhitzen, mit Lochkelle aus der Brühe heben, anrichten. Mit Vinaigrette servieren.

Variation Vinaigrette
Siehe Spargel mit Vinaigrette (Kapitel «Gemüse»).

Tipp: Flüssigkeit als Suppe servieren. Für Einlagen siehe Kraftbrühe (Kapitel «Suppen»).

2 Personen

300 g bis 400 g Siedfleisch in dünnen Scheiben (vom Vortag oder aufgetaut)

Vinaigrette:
6 Cherrytomaten
10 grüne Oliven, entsteint
1 Schalotte, klein
wenig Petersilie
3 EL Balsamico-Essig, weiss
oder 1 EL Balsamico-Essig, dunkel
1 ½ EL Rotweinessig
5 EL Olivenöl
2 EL Rinderbrühe (von Siedfleisch)
Himalayasalz
Pfeffer aus Mühle

SIEDFLEISCH/POT-AU-FEU

2 bis 3 Personen

1 Zwiebel

2 Nelken

1 Lorbeerblatt

2 Markbeine

12 Karotten

1 Knollensellerie, klein

12 Lauchstangen

1 Selleriestange

6 Petersilienstiele

10 schwarze Pfefferkörner

Rindsbouillonwürfel oder –

pulver (Menge für 1.5 Liter

Wasser)

1.5 kg Siedfleisch, durchzogen

(am Stück oder in 2 Stücken)

Meersalz

1 Wirz

Senf

Vor- und Zubereitung: 30 Minuten
Sieden und Garen: 2 Stunden
Fleisch 1 Stunde vorher aus dem Kühlschrank nehmen
Am besten am Vortag zubereiten

1 2.5 Liter kaltes Wasser in grossen Kochtopf geben.

2 Zutaten zugeben: ungeschälte Zwiebel mit Nelken und Lorbeer bestecken, Markbeine kalt abspülen, 1 ungeschälte Karotte halbieren, Knollensellerie schälen und halbieren, Lauchblätter von einer Stange, Selleriestange ohne Grün, Petersilienstiele und Pfefferkörner. Aufkochen und bei mittlerer Hitze zugedeckt etwa 10 Minuten köcheln lassen.

3 Bouillonwürfel oder -pulver, Fleisch und 1 Teelöffel Meersalz beifügen. Nochmals kurz aufkochen. Bei schwacher Hitze zugedeckt etwa 1 ½ Stunden sieden. Gemüse herausnehmen. Mit Meersalz nochmals abschmecken.

4 Grobfasrige Teile beim restlichen Lauch entfernen, übrige Karotten schälen, Wirz halbieren und zugeben. Nochmals kurz aufkochen. Bei schwacher Hitze Gemüse zugedeckt 30 Minuten weich garen. Abkühlen lassen und zugedeckt (am besten über Nacht) in den Kühlschrank stellen (Fleisch lässt sich besser schneiden, wenn es kalt ist). Siedfleisch schneiden und mit Markbeinen in einen separaten Kochtopf legen. Mit Brühe bedecken. Gemüse in anderen Kochtopf geben und mit Brühe knapp bedecken. Aufkochen und anrichten. Senf dazu reichen.

Variation Kürbiskernpesto
40 g bis 50 g Kürbiskerne ohne Fettzugabe rösten, 2 Schalotten grob hacken, 1 Teelöffel Balsamico-Essig, 1 dl Fleischsud, 4 Esslöffel Kürbiskern- oder Olivenöl, 2 Ess-

löffel Oreganoblätter, ½ Teelöffel Himalayasalz und Pfeffer pürieren. Anstatt Senf Kürbiskernpesto dazu reichen.

Der Rest ist vielseitig einsetzbar: Fleisch und Gemüse separat mit Flüssigkeit bedeckt nochmals zugedeckt über Nacht kühl stellen und am nächsten Tag wieder aufwärmen oder gleich einfrieren. Fleisch kann auch als Siedfleisch mit Vinaigrette (siehe vorhergehendes Rezept) verwendet und Flüssigkeit als Suppe serviert werden. Etwa 300 g bis 400 g am Stück mit etwas Brühe wieder kühl stellen oder tiefkühlen und zu einem späteren Zeitpunkt in dünne Scheiben schneiden. Gemüse kann mit etwas Flüssigkeit püriert und als Gemüsesuppe verwendet werden.

PUTENBRUST-VÖGEL

Vor- und Zubereitung: 20 Minuten

2 Personen

1 Putenbrustschnitzel kalt abbrausen, mit Küchenpapier abtupfen. Auf Arbeitsfläche auslegen. Schinken darauf verteilen. Butterflöckchen auf Schinken verteilen und auf jedes Schnitzel je ein Salbeiblatt legen. Einrollen und mit Zahnstocher befestigen.
2 Im Olivenöl rundum offen durchbraten. Würzen und anrichten. Wenig Wasser in Bratpfanne geben und Fond auflösen. Über Putenbrust-Vögel träufeln.

400 g Putenbrustschnitzel, dünn geschnitten

60 g bis 80 g Schinken gekocht, dünn geschnitten

1 EL Butter

6 bis 8 Salbeiblätter

2 EL Olivenöl

Meersalz

Pfeffer aus Mühle

wenig Paprikapulver, süss

Variation
Anstatt gekochtem Schinken und Salbeiblättern Rohschinken und etwas Basilikumpesto (Rezept siehe «Fisch-Gemüse-Suppe») verwenden.

Beilagen-Tipp: Lauwarmer Blumenkohl- oder Romanesco-Salat (siehe Kapitel «Gemüse»).

FISCHE UND MEERESFRÜCHTE

- Fisch mit kaltem Wasser kurz abbrausen und mit Küchenpapier abtupfen oder abtropfen lassen.
- Fisch ohne Haut: zuerst die beim Servieren nach oben gezeigte Seite braten.
  Fisch mit Haut: zuerst auf der Hautseite braten.
- Mit feingemahlenem Meersalz würzen.
- Zitronenschnitze dazu reichen.
- Als Bratfett eignen sich Olivenöl, Butter oder Ghee und Kokosfett.

Erlaubte Fische und Meeresfrüchte
Alle, jedoch langlebige Raubfische wie Thun- und Schwertfisch nicht zu oft geniessen, da diese Methylquecksilber enthalten.

CALAMARI-RINGE GEBRATEN

Vor- und Zubereitung: 15 Minuten
Tiefgekühlte Calamari-Ringe auftauen lassen

1 Knoblauch in dünne Scheiben schneiden. Peperoncino entkernen und in feine Streifen schneiden. Im Olivenöl bei mittlerer Hitze kurz andünsten (Knoblauch sollte keine Farbe annehmen).
2 Calamari kalt abbrausen, mit Küchenpapier abtupfen. Kurz mitdünsten.
3 Petersilie fein hacken und zugeben. Calamari offen fertig braten, mit Meersalz würzen. Zitronenschnitze dazu reichen.

Beilagen-Tipp: Gemischter Salat oder Erbsen (siehe Kapitel «Gemüse»).

2 Personen

2 Knoblauchzehen
¼ Peperoncino
2 EL Olivenöl
400 g Calamari-Ringe, frisch
oder tiefgekühlt
etwas Petersilie, glatt
Meersalz
1 Zitrone

DORSCHFILET MIT OLIVENVINAIGRETTE

Vor- und Zubereitung: 20 Minuten

2 Personen

1 Für die Vinaigrette die Zitronenschale abreiben (nur gelber Teil) und Saft pressen. Oliven vierteln, Kapern und Petersilie grob hacken. Mit Olivenöl abrunden und mit Meersalz und Pfeffer leicht abschmecken.

2 Fischfilets kalt abbrausen, mit Küchenpapier abtupfen. Offen bei mittlerer Hitze in Olivenöl auf jeder Seite etwa 4 Minuten braten. Mit Meersalz würzen und anrichten. Vinaigrette darüber verteilen.

Variationen

Seeteufel verwenden.
Rucolablätter auf Teller auslegen, mit einer Sauce aus Rotweinessig, Olivenöl und Himalayasalz beträufeln und Fisch darauf legen. Vinaigrette über Fisch verteilen.

Beilagen-Tipp: Spinat (siehe Kapitel «Gemüse»).

2 Dorschrückenfilets (je etwa 150 - 200 g)
2 EL Olivenöl
Meersalz

Olivenvinaigrette:
½ Zitrone, unbehandelt
14 schwarze Oliven, entsteint
1 TL Kapern
2 EL Petersilie, glatt
2 EL Olivenöl
Meersalz
Pfeffer aus Mühle

DORSCHFILET IM SPECKMANTEL

2 Personen

2 bis 3 Dorschrückenfilets
(je etwa 140 g)
Meersalz
Pfeffer aus Mühle
4 bis 6 Salbeiblätter
4 bis 6 Tranchen Frühstücksspeck
1 Zitrone, unbehandelt

Vor- und Zubereitung: 10 Minuten
Backofen vorheizen: 200 °C
Braten: 20 Minuten (Mitte Backofen)

1 Fischfilets kalt abbrausen und mit Küchenpapier abtupfen. Würzen.
2 Je 2 Salbeiblätter auf die eine Hälfte der Fischfilets legen, Fischfilets zusammenfalten. Diese anschliessend
mit 2 Tranchen Speck umwickeln und auf ein mit Backpapier ausgelegtem Blech setzen. Im Ofen braten. Anrichten.
3 Etwas Zitronenschale darüberreiben (nur gelber Teil).

Beilagen-Tipp: Gebackener Zucchetti-Salat (siehe «Zucchetti mit Speck und Tomaten» im Kapitel «Gemüse»).
Zucchetti gleich mit aufs Blech geben.

FELCHENFILET-SANDWICH AN VINAIGRETTE

Vor- und Zubereitung: 15 Minuten

2 Personen

1 Für die Vinaigrette Tomaten halbieren, Schnittlauch klein schneiden. Mit Rotweinessig, Olivenöl, Meersalz und Pfeffer vermengen und kurz ziehen lassen.
2 Fischfilets kalt abbrausen, mit Küchenpapier abtupfen. Die Hälfte der Filets mit der Hautseite nach unten in das heisse Olivenöl legen, mit wenig Meersalz würzen und sofort die restlichen Fische mit der Hautseite nach oben darauf legen (so trocknet der Fisch nicht aus). 2 bis 3 Minuten offen anbraten, bis die Haut knusprig ist, wenden und die andere Hautseite ebenfalls offen 2 bis 3 Minuten knusprig braten. Nochmals mit wenig Meersalz würzen. Anrichten und Vinaigrette über und neben Fischsandwich träufeln.

Beilagen-Tipp: Rucola-Salat (siehe Kapitel «Salate»)

Tipps: Vinaigrette zu anderen weissen Fischfilets servieren. Schmeckt auch kalt gut.
Geeignet zum Mitnehmen (Vinaigrette separat mitnehmen).

6 oder 8 Felchenfilets, mit Haut (ca. 300 g)
3 bis 4 EL Olivenöl
Meersalz

Vinaigrette:
8 Cherrytomaten
reichlich Schnittlauch
3 EL Rotweinessig
2 EL Olivenöl
Meersalz
Pfeffer aus Mühle

FISCHFILET-BRUSCHETTA

2 Personen

300 g Fischfilets, ohne Haut
(Flunder, Rotzunge, Zander
etc.)
2 EL Olivenöl
Meersalz
Pfeffer aus Mühle

Tomatensalsa:
300 g Tomaten
4 bis 6 Basilikumblätter
¼ Peperoncino, frisch
½ Schalotte oder 1 Frühlingszwiebel
3 EL Olivenöl
Himalayasalz
Pfeffer aus Mühle

Vor- und Zubereitung: 15 Minuten

1 Für die Salsa Tomaten halbieren, Stielansatz entfernen, Tomaten entkernen und Fruchtfleisch in etwa ½
cm bis 1 cm grosse Quadrate schneiden. Basilikum fein
zerzupfen, Peperoncino entkernen und mit Schalotte
oder Zwiebel grob hacken. Mit Olivenöl, Himalayasalz
und wenig Pfeffer abschmecken.
2 Fischfilets kalt abbrausen, mit Küchenpapier abtupfen.
Im Olivenöl offen braten. Mit Meersalz und Pfeffer
leicht würzen.
3 Anrichten und Tomatensalsa darauf verteilen.

Variation
Wenig Thymian, etwas Balsamico-Essig und eine Handvoll zerzupften Rucola unter die Tomatensalsa mischen.

Beilagen-Tipp: Löwenzahn (siehe Kapitel «Gemüse»).

FORELLE AN BUTTERSAUCE

Vor- und Zubereitung: 20 Minuten

2 Personen

1 Forellen kalt abbrausen. Mit Meersalzwasser in Kochtopf legen, aufkochen (sollten vollständig bedeckt sein). Bei schwacher Hitze zugedeckt köcheln lassen bis sie gar sind (etwa 5 bis 10 Minuten) Test: mit Gabel einstechen – das Fleisch sollte weich sein – oder an der Rückenflosse zupfen – sie muss sich leicht herausziehen lassen.
2 Inzwischen für die Buttersauce Knoblauch halbieren und mit Gabel leicht zerdrücken. Mit Rosmarin oder Salbei in der Butter leicht erwärmen (Butter darf keine Farbe annehmen). Knoblauch und Rosmarin oder Salbei entfernen.
3 Forellen mit Lochkelle aus dem Wasser heben und auf Arbeitsfläche legen. Den Kopf und Schwanz abtrennen. Mit Messer und Gabel vorsichtig am Bauch aufklappen und Gräten entfernen. Leicht würzen und anrichten. Buttersauce darübergiessen.

Beilagen-Tipp: Lauch (siehe Kapitel «Gemüse»).

2 Forellen (am Bauch aufgeschnitten und gereinigt)
Meersalz
Pfeffer aus Mühle

Buttersauce:
1 Knoblauchzehe
1 Rosmarin- oder Salbeizweig
2 bis 3 EL Butter

FISCHFILET-RIESENCREVETTEN-DUETT

Vor- und Zubereitung: 30 Minuten

2 Personen

1 Tomaten halbieren, Stielansatz entfernen, Tomaten entkernen und Fruchtfleisch klein würfeln.

2 Zwiebel und Knoblauch fein hacken und in der Butter andünsten. Tomatenwürfelchen mitdünsten. Mit Meersalz und Pfeffer würzen.

3 Kokosmilch und Brühe angiessen und aufkochen. Bei mittlerer Hitze 5 Minuten zugedeckt köcheln lassen.

4 Fische und Riesencrevettenschwänze kalt abbrausen, mit Küchenpapier abtupfen. Mit Meersalz und Pfeffer würzen. Fischfilets aufrollen, mit Riesencrevettenschwänzen in die Sauce geben und zugedeckt etwa 10 Minuten ziehen lassen.

Variation
Nur mit Fischfilets (Sorte nach Belieben) zubereiten.

Beilagen-Tipp: Spinat (siehe Kapitel «Gemüse»).

3 Tomaten

1 Zwiebel

2 Knoblauchzehen

1 EL Butter

Meersalz

Pfeffer aus Mühle

1 dl Kokosmilch, ungesüsst

0.5 dl Gemüsebrühe

200 g Fischfilets (Egli, Felchen, Flunder, Goldbutt)

200 g Riesencrevettenschwänze, roh und geschält (eventuell mit Schwanzsegment)

HEILBUTT AUF PFIFFERLINGEN

2 Personen

Vor- und Zubereitung: 25 Minuten

200 g Pfifferlinge/Eier-
schwämme

2 Schalotten

2 EL Butter

1 EL Schnittlauch

Meersalz

Pfeffer aus Mühle

400 g Heilbuttfilets ohne Haut

1 Pilze putzen. Grosse halbieren oder vierteln, kleine ganz belassen. Schalotten fein hacken und mit Pfifferlingen offen in 1 Esslöffel Butter dünsten. Schnittlauch klein schneiden und untermischen. Mit Meersalz und Pfeffer abschmecken.

2 Fischfilets kalt abbrausen, mit Küchenpapier abtupfen und in 1 Esslöffel Butter braten. Mit Meersalz leicht würzen. Pilze anrichten und Fischfilets darauf legen.

Variation

1 Tomate halbieren, Stielansatz entfernen, Tomate entkernen und Fruchtfleisch klein würfeln. Mit Schnittlauch unter die Pilze mischen.

Beilagen-Tipp: Jungspinat (siehe Kapitel «Gemüse»).

Tipp: Anstatt Heilbutt Goldbuttfilets verwenden.

JAKOBSMUSCHEL-SPIESSE

Vor- und Zubereitung: 15 Minuten

2 Personen

1 Specktranchen in wenig siedendes Wasser geben, aufkochen und absieben. Auf Arbeitsfläche auslegen.
2 Muscheln kalt abbrausen, mit Küchenpapier abtupfen. Mit Meersalz und Pfeffer leicht würzen. Jede Jakobsmuschel flach auf eine Specktranche legen, mit Speck umwickeln.
3 Holzspiesse von der Seite her längs durch Speck und Muscheln stecken (so dass die Specktranchen festgesteckt sind und das Muschelfleisch fast nicht mehr zu sehen ist). Spiesse offen bei starker Hitze im Bratfett (Olivenöl und Butter) etwa 2 Minuten auf jeder Seite braten (Speck sollte schön knusprig werden).

10 Tranchen Frühstücksspeck
10 Jakobsmuscheln, ausgelöst, ohne Rogen
Meersalz
Pfeffer aus Mühle
2 bis 4 Holzspiesse
1 EL Olivenöl
1 EL Butter

Beilagen-Tipp: Gemischter Salat.

Tipp: Holzspiesse vor Gebrauch 30 Minuten in kaltes Wasser einlegen. Fisch lässt sich einfacher ablösen.

LACHSFILET MIT KRÄUTER-HASEL-NUSSKRUSTE AN PAPRIKASAUCE

Vor- und Zubereitung: 15 Minuten
Backofen vorheizen: 200 °C
Backen: 5 bis 10 Minuten (obere Hälfte des Backofens)

1 Für die Kruste Petersilie fein hacken und mit der Butter und den gemahlenen Nüssen zu einer Paste verrühren.

2 Für die Sauce Paprikaschote entkernen, weisse Rippen entfernen und Fruchtfleisch mit Schalotte grob schneiden. Zutaten in der Butter andünsten. Brühe angiessen und Flüssigkeit bei starker Hitze offen 4 bis 5 Minuten etwas einkochen lassen. Pürieren, durch ein Sieb passieren (am schnellsten geht es, wenn man kleine Mengen in das Sieb gibt und es schnell hin- und herbewegt). Zugedeckt beiseite stellen.

3 Inzwischen Lachs kalt abbrausen, mit Küchenpapier abtupfen. Auf ein mit Backpapier ausgelegtem Blech setzen. Mit Meersalz und Pfeffer würzen. Kräuter-Haselnuss-Paste auf Lachs verteilen, leicht andrücken und im Ofen backen (Lachs sollte nicht durchgebraten sein). Sauce anrichten und Lachs darauf legen.

Variation
Paprikasauce weglassen.

Beilagen-Tipp: Fenchel oder Lauch (siehe Kapitel «Gemüse»).

2 Personen

2 Lachsfilets (je 200 g), ohne Haut
Meersalz
Pfeffer aus Mühle

Kräuter-Haselnusskruste:
3 EL Petersilie, glatt
2 EL Butter, weich
3 EL Haselnüsse, gemahlen

Paprikasauce:
½ rote Paprikaschote
1 Schalotte
1 EL Butter
2 dl Gemüsebrühe

LACHSFORELLENFILET POCHIERT AUF FENCHEL-LAUCH-BETT

2 Personen

2 Schalotten
2 Fenchelknollen
2 Lauchstangen
1 EL Butter
2 dl Gemüsebrühe
Meersalz
2 Lachsforellenfilets mit Haut
(je etwa 150 g bis 200 g)
Pfeffer aus Mühle

Vor- und Zubereitung: 20 Minuten

1 Schalotten fein hacken, Fenchel längs vierteln, Strunk entfernen und quer in feine Streifen schneiden. Grobfasrige Teile beim Lauch entfernen, Stangen in dünne Ringe schneiden. Gemüse in der Butter andünsten.
2 Brühe angiessen, mit Meersalz leicht würzen und aufkochen. Hitze reduzieren und 2 Minuten offen köcheln lassen.
3 Fischfilets kalt abbrausen, mit Küchenpapier trocken tupfen. Mit Hautseite auf Gemüse legen. Zudecken und bei mittlerer Hitze 5 Minuten ziehen lassen. Mit Meersalz und Pfeffer abschmecken.

Variationen
Andere Fischfilets (Felchen oder Saiblinge) verwenden.
1 Karotte und 1 kleinen Knollensellerie schälen und fein würfeln. Mit anderem Gemüse mitkochen.

LACHSRÖLLCHEN-SPIESSE

Vor- und Zubereitung: 15 Minuten

2 Personen

1 Lachs kalt abbrausen, mit Küchenpapier abtupfen. Auf grossem Schneidebrett quer in etwa 5 mm dicke Scheiben schneiden und dicht nebeneinander auslegen.

2 Basilikumblätter fein schneiden, Oliven fein hacken und vermengen. Paste (am einfachsten geht es mit den Fingern) auf Lachsscheiben streichen. Aufrollen. Auf Spiesse stecken.

3 Würzen und im Olivenöl auf beiden Seiten je 30 Sekunden braten (sollten nicht durchgebraten sein).

400 g Lachsrückenfilet am Stück, ohne Haut

16 Basilikumblätter

10 Oliven grün, entsteint

4 Holzspiesse

Meersalz

Pfeffer aus Mühle

2 EL Olivenöl

Beilagen-Tipp: Lauwarmer Broccoli- oder Romanesco-Salat (siehe Kapitel «Gemüse»)

Tipp: Holzspiesse vor Gebrauch 30 Minuten in kaltes Wasser einlegen. Fisch lässt sich einfacher ablösen.

RIESENCREVETTEN AN CURRY

2 Personen

1 Tomate, klein
¼ bis ½ Peperoncino, frisch
1 Zwiebel
1 Knoblauchzehe
2 EL Olivenöl
1 EL Currypulver, mild
Meersalz
Pfeffer aus Mühle
400 g bis 500 g Riesencrevettenschwänze, roh und
geschält

Vor- und Zubereitung: 20 Minuten

1 Tomate halbieren, Stielansatz entfernen, Tomate entkernen und Fruchtfleisch klein würfeln. Peperoncino
entkernen und in feine Ringe schneiden. Zwiebel fein
hacken und Knoblauch dazupressen.
2 Tomatenwürfelchen, Peperoncinoringe, Zwiebel und
Knoblauch im Olivenöl 1 bis 2 Minuten andünsten. Mit
Curry, Meersalz und Pfeffer würzen. 1 dl Wasser zugeben und bei mittlerer Hitze offen 5 Minuten etwas
einkochen lassen.
3 Crevetten kurz abbrausen, mit Küchenpapier abtupfen,
beifügen. Etwa 5 Minuten offen mitgaren. Mit Meersalz würzen.

Beilagen-Tipp: Kohlrabi, Spinat (siehe Kapitel «Gemüse»).

ROTBARSCH KALT

Vor- und Zubereitung: 20 Minuten
Kühl stellen: 1 bis 2 Stunden

2 Personen

400 g Rotbarschfilets
3 EL Olivenöl
Meersalz
Pfeffer aus Mühle
1 Zwiebel
1 rote Paprikaschote
1 Karotte
1 Ingwer, haselnussgross
½ Peperoncino
4 EL Essig

1 Fischfilets kalt abbrausen, mit Küchenpapier abtupfen (eventuell Fischgräten entfernen). In Olivenöl (1 EL) beidseitig braten. Würzen. Fisch in 2 cm grosse Würfel zerlegen. Bratpfanne mit Küchenpapier ausreiben.

2 Zwiebel halbieren und in dünne Halbringe schneiden. Paprikaschote entkernen, weisse Rippen entfernen und in feine Streifen schneiden (eventuell vorher etwas schälen). Karotte schälen und mit dem Sparschäler oder Julienne-Schneider längs feine Streifen abschälen. Ingwer schälen und fein hacken oder reiben. Peperoncino längs aufschneiden, entkernen und fein hacken.

3 2 Esslöffel Olivenöl in derselben Bratpfanne erhitzen. Zwiebel, Paprikaschote, Karotte, Ingwer und Peperoncino 3 Minuten andünsten. Essig, 1.5 dl Wasser und wenig Meersalz zugeben, aufkochen und Sud etwa 1 Minute offen kochen. Über Rotbarschfilets giessen, abkühlen lassen und kühl stellen.

Beilagen-Tipp: Lauch (siehe Kapitel «Gemüse»).

Tipps: Am Vortag zubereiten und zugedeckt im Kühlschrank aufbewahren.
Als Vorspeise servieren.
Geeignet zum Mitnehmen.
Anstatt Rotbarsch Zander verwenden.

ROTZUNGE AUF GEMÜSEBETT

2 Personen

4 bis 5 Rotzungenfilets (etwa 300 g bis 400 g)
2 EL Olivenöl
Meersalz
Pfeffer aus Mühle
Petersilie, glatt

Gemüsebett:
je 1 gelbe und rote Paprika-schote
2 Zucchetti, klein
2 EL Olivenöl
1 dl Gemüsebrühe, kräftig
Petersilie, glatt
2 Basilikumblätter
wenig Zitronensaft
Meersalz
wenig Pfeffer aus Mühle

Vor- und Zubereitung: 25 Minuten

1 Für Gemüsebett Paprikaschoten entkernen und weisse Rippen entfernen. Zucchetti beidseitig kappen. Beide Gemüsefrüchte klein würfeln und im Olivenöl andünsten. Brühe angiessen und Gemüse bei mittlerer Hitze weich garen. Petersilie fein hacken, Basilikum in Streifen schneiden. Mit Zitronensaft, Meersalz und Pfeffer abschmecken.

2 Fischfilets kalt abbrausen, mit Küchenpapier abtupfen. Im Olivenöl etwa 2 bis 3 Minuten auf jeder Seite braten. Mit Meersalz und Pfeffer würzen.

3 Gemüse anrichten und Fischfilets darauf legen. Petersilie fein hacken und darüberstreuen.

Variation
Andere weisse Fischfilets verwenden.

SEEHECHT MIT GEMÜSE UND VINAIGRETTE

Vor- und Zubereitung: 30 Minuten

2 Personen

1 Schalotten grob hacken, Fenchel längs vierteln, Strunk entfernen und Fenchelfrucht grob würfeln. Karotte schälen und würfeln. Brühe angiessen und mit Petersilienstielen aufkochen. Bei mittlerer Hitze offen 5 Minuten einkochen lassen.

2 Fisch kalt abbrausen, mit Küchenpapier trocken tupfen. In den Sud legen. Bei schwacher Hitze zugedeckt 10 Minuten ziehen lassen. Mit Meersalz und Pfeffer abschmecken.

3 Inzwischen für die Vinaigrette Tomate halbieren, Stielansatz entfernen, Tomate entkernen und Fruchtfleisch klein würfeln. Petersilie fein hacken und Basilikum klein schneiden. Mit Zitronensaft und Olivenöl abrunden.

4 Gemüse und Fisch mit Lochkelle aus dem Sud heben und anrichten. Sud absieben und etwa 1 dl unter die Vinaigrette mischen. Über die Seehecht-Tranchen verteilen.

2 Schalotten

1 Fenchelknolle, klein

1 Karotte, klein

2 dl Gemüsebrühe

2 Petersilienstiele

2 Seehecht-Tranchen (je 200 g)

Meersalz

Pfeffer aus Mühle

Vinaigrette:

1 Tomate

1 TL Petersilie, glatt

1 TL Basilikum

1 EL Zitronensaft

1 EL Olivenöl

ZANDER MIT PINIENKRUSTE

2 Personen

2 Zanderfilets (je etwa 200 g)
Meersalz

Pinienkruste:
100 g Pinienkerne
1 Zitrone, unbehandelt
1 TL Pfefferminzblätter
2 EL Butter, weich
Pfeffer aus Mühle

Vor- und Zubereitung: 10 Minuten
Backofen vorheizen: 240 °C
Backen: 8 bis 10 Minuten (Mitte Backofen)

1 Für die Kruste Pinienkerne grob hacken, Schale der Zitrone abreiben (nur gelber Teil), Pfefferminze fein schneiden und mit der Butter zu einer Paste rühren. Mit Pfeffer abschmecken.

2 Fischfilets kalt abbrausen, mit Küchenpapier trocken tupfen. Mit Meersalz würzen und auf ein mit Backpapier ausgelegtem Blech setzen. Paste auf Zanderfilets verteilen, leicht andrücken und im Ofen backen.

Beilagen-Tipp: Erbsen (siehe Kapitel «Gemüse»).

EIERSPEISEN

— Möglichst frische Freilandeier der Region verwenden (höchstens 20 Tage alt, siehe Legedatum auf Eiern, nicht Datum auf Verpackung).
— Lagern Sie Eier im Kühlschrank.

Harte Eier

Eier zimmertemperiert (½ Stunde vorher aus dem Kühlschrank nehmen) vorsichtig in siedendes Wasser geben (wenig Essig beifügen) und 8 bis 10 Minuten lang offen bei mittlerer Hitze kochen. Einmal hart gekocht sind sie im Kühlschrank bis zu 2 Wochen haltbar, wenn die Schale keine Spuren von Verletzungen aufweist. Datum am besten mit einem wasserdichten Stift auf der Schale notieren. Nicht mit kaltem Wasser abschrecken, da dies keinen Einfluss auf die Schälbarkeit hat, aber die Haltbarkeit verkürzt.

Wachsweiche Eier

Eier zimmertemperiert (½ Stunde vorher aus dem Kühlschrank nehmen) vorsichtig in siedendes Wasser geben (wenig Essig beifügen) und 6 Minuten lang offen bei mittlerer Hitze kochen. Abschrecken und vorsichtig pellen. Warm auf die Speisen anrichten.

Für **pochierte Eier** 1 Liter Wasser mit 0.5 dl Essig in einem schmalen Kochtopf aufkochen. Topf von der Wärmequelle nehmen. Maximal 4 Eier einzeln in eine kleine Schale oder Tasse aufschlagen und vorsichtig ins leicht siedende Wasser gleiten lassen (sollten komplett mit Wasser bedeckt sein). Topf wieder auf die ausgeschaltete Wärmequelle stellen und offen unter dem Siedepunkt etwa 4 bis 5 Minuten ziehen lassen. Mit Lochkelle einzeln herausheben und kurz in kaltes Wasser tauchen. Gut abtropfen lassen. Wenn mehr als 4 Eier gekocht werden, ist es ratsam, 2 Kochtöpfe zu verwenden oder je 4 Eier hintereinander zu pochieren.

Tipp: Wenn pochierte Eier auf einem Salat angerichtet werden, sieht es raffiniert aus, wenn sie vor dem Servieren mit einer spitzen Schere oben leicht geöffnet werden.

EINFACHE UND SCHNELL ZUBEREITETE EIERSPEISEN

Rührei

Vor- und Zubereitung: 5 Minuten

Eier mit wenig Meersalz verquirlen. Wenig Butter erhitzen und Eimasse unter ständigem Rühren braten. Pfanne von der Wärmequelle nehmen, bevor gewünschte Konsistenz erreicht ist, da die Eier durch die gespeicherte Hitze noch weitergaren.

Spiegelei

Vor- und Zubereitung: 5 Minuten

Wenig Olivenöl erhitzen. Eier darin braten (eventuell kurz wenden). Mit Meersalz und etwas Pfeffer würzen.

Tipp: Eventuell 1 Teelöffel dunklen Balsamico-Essig in separater Bratpfanne kurz aufkochen und über die Spiegeleier träufeln. Auch ein paar (ohne Fettzugabe) knusprig gebratene Tranchen Frühstücksspeck eignen sich dazu.

Omelette

Vor- und Zubereitung: 10 Minuten

Für 2 Personen: 6 Eier verquirlen, 1 bis 2 Esslöffel klein geschnittenen Schnittlauch und/oder Petersilie gekraust, wenig Meersalz zugeben und vermengen. 2 Esslöffel Butter in Bratpfanne (Durchmesser 28 cm) erhitzen. Eimasse zugeben und bei mittlerer Hitze zugedeckt stocken lassen. Wenn sich die Omelette löst (mit Kochlöffel zuerst vom Pfannenrand lösen) und etwas braun gebraten ist (durch leichtes Anheben feststellen), auf einen flachen Teller oder flachen grossen Deckel gleiten lassen, wenden und die zweite Seite braten. Dabei Pfanne mehrmals hin- und herbewegen. Variation: 6 Esslöffel Mineralwasser mit Kohlensäure zu den verklopften Eiern dazugeben. Omelette wird luftiger.

Tipp: Schmeckt am nächsten Tag auch kalt (mit etwas Gemüse, Salat oder glutenfreiem Knäckebrot). Kann auch als Einlage für eine Kraftbrühe (siehe Kapitel «Suppen») verwendet werden.

Für unterwegs kalte Omelette nach Belieben füllen und zu einem Sandwich falten oder rollen (siehe «Essen unterwegs»).

Reste von Gemüse, aber auch klein geschnittenes, gebratenes Fleisch, Braten- oder Fischreste zu einer Omelette verarbeiten oder unter Rührei mischen.

CHAMPIGNONS GEFÜLLT
MIT RÜHREI

Vor- und Zubereitung: 25 Minuten

2 Personen

1 Pilze putzen. Stängel der Champignons vorsichtig herausdrehen und diese fein hacken. Pilzhüte rundum salzen und 3 Esslöffel Olivenöl darüberträufeln.

2 Eier mit wenig Meersalz verquirlen. Schnittlauch klein schneiden, mit gehackten Pilzstängeln unter die Eier rühren. Speck quer in feine Streifen schneiden. In Bratpfanne (Durchmesser 28 cm) ohne Fettzugabe knusprig braten. Eimasse zugeben und unter ständigem Rühren braten. Pfanne von der Wärmequelle nehmen, bevor gewünschte Konsistenz erreicht ist, da die Eier durch die gespeicherte Hitze noch weitergaren.

3 Bratpfanne mit Küchenpapier ausreiben und 1 Esslöffel Olivenöl erhitzen. Champignons mit der Öffnung nach unten bei mittlerer Hitze 2 Minuten offen braten, wenden. Mit Rührei füllen und Pilze zugedeckt weich garen.

8 bis 10 Champignons, gross
Meersalz
4 EL Olivenöl

Eimasse:
4 Eier
wenig Meersalz
1 EL Schnittlauch
60 g Frühstücksspeck

OMELETTE MIT LACHS

2 Personen

1 EL Butter
1 Zwiebel oder Schalotte, klein
150 g Lachsfilet, ohne Haut
Meersalz
Pfeffer aus Mühle
4 Eier

Vor- und Zubereitung: 20 Minuten

1 Butter in Bratpfanne (Durchmesser 24 cm) erhitzen. Zwiebel oder Schalotte fein hacken und andünsten.
2 Lachs kalt abbrausen, mit Küchenpapier abtupfen. Klein schneiden und kurz mitdünsten. Mit wenig Meersalz und Pfeffer würzen.
3 Eier mit wenig Meersalz verquirlen. Eimasse zum Lachs geben. Bei starker Hitze unter ständigem Rühren kurz braten. Etwas flach drücken, Hitze reduzieren. Wenn sich die Omelette löst (mit Kochlöffel zuerst vom Pfannenrand lösen) und etwas braun gebraten ist (durch leichtes Anheben feststellen), auf einen flachen Teller oder flachen grossen Deckel gleiten lassen, wenden und die zweite Seite braten. Dabei Pfanne mehrmals hin- und herbewegen (zwischendurch zugedeckt stocken lassen). Aussen sollte die Omelette leicht gebräunt sein, aber innen noch feucht. Lauwarm servieren.

Variation
Salbei-Omelette: Anstatt Lachsfilet 20 ganze Salbeiblätter verwenden.

Rest: Schmeckt auch kalt (mit etwas Gemüse, Salat oder glutenfreiem Knäckebrot).

Tipps: Zum Frühstück zubereiten.
Geeignet zum Mitnehmen.

OMELETTE MIT SPARGELSPITZEN

Vor- und Zubereitung: 25 Minuten

2 Personen

500 g Spargelspitzen, grün
oder 500 g Mini-Grünspargel
1 Zwiebel, klein
2 bis 3 EL Olivenöl
Meersalz
Pfeffer aus Mühle
4 Eier

1 Spargeln sorgfältig schälen, so dass alle hölzernen Fasern entfernt sind. Schnittstelle kappen. Zwiebel fein hacken. Olivenöl in Bratpfanne (Durchmesser 28 cm) erhitzen, beides andünsten. Mit Meersalz und wenig Pfeffer würzen und bei mittlerer Hitze zugedeckt weich garen.
2 Eier mit wenig Meersalz verquirlen. Eimasse zu Spargeln geben. Bei starker Hitze unter ständigem Rühren kurz braten. Etwas flach drücken, Hitze reduzieren. Wenn sich die Omelette löst (mit Kochlöffel zuerst vom Pfannenrand lösen) und etwas braun gebraten ist (durch leichtes Anheben feststellen), auf einen flachen Teller oder flachen grossen Deckel gleiten lassen, wenden und die zweite Seite braten. Dabei Pfanne mehrmals hin- und herbewegen (zwischendurch zugedeckt stocken lassen). Aussen sollte die Omelette leicht gebräunt sein, aber innen noch feucht. Lauwarm servieren.

Variationen
10 g bis 20 g Morcheln, getrocknet, in lauwarmem Wasser einweichen. Auspressen, grob zerschneiden und mit Spargeln anbraten.
Mit Artischocken: Anstatt Spargelspitzen zarte und klein geschnittene Artischockenblätter verwenden.

Rest: Schmeckt auch kalt (mit etwas Gemüse, Salat oder glutenfreiem Knäckebrot).

Tipp: Geeignet zum Mitnehmen.

OMELETTE MIT SPINAT

Vor- und Zubereitung: 25 Minuten

2 Personen

300 bis 400 g Spinat, frisch oder tiefgekühlt

2 EL Olivenöl

Meersalz

4 Eier

1 Frischen Spinat tropfnass in Kochtopf geben und zugedeckt erhitzen, bis er zusammenfällt. Wenn Sie tiefgekühltes Gemüse verwenden, sollten Sie dieses in wenig siedendem Wasser blanchieren. Absieben, abkühlen lassen und auspressen. Im Olivenöl etwa 1 Minute unter ständigem Rühren braten (sautieren). Mit Meersalz gut würzen.

2 Eier mit wenig Meersalz verquirlen. Eimasse zum Spinat geben. Bei starker Hitze unter ständigem Rühren kurz braten. Etwas flach drücken, Hitze reduzieren. Wenn sich die Omelette löst (mit Kochlöffel zuerst vom Pfannenrand lösen) und etwas braun gebraten ist (durch leichtes Anheben feststellen), auf einen flachen Teller oder flachen grossen Deckel gleiten lassen, wenden und die zweite Seite offen braten. Dabei Pfanne mehrmals hin- und herbewegen. Aussen sollte die Omelette leicht gebräunt sein, aber innen noch feucht. Lauwarm servieren.

Rest: Schmeckt auch kalt (mit etwas Gemüse, Salat oder glutenfreiem Knäckebrot).

Tipps: Für 1 Person eine Handvoll ausgepressten Spinat in eine kleine Bratpfanne (Durchmesser 20 cm) geben. Bei 2 Personen eine mittlere Pfanne (Durchmesser 24 cm) und für 4 Personen eine grosse (Durchmesser 28 cm) verwenden. Wenn Sie für mehr als 4 Personen kochen, sollten Sie die Omeletten in zwei Bratpfannen gleichzeitig oder in derselben Pfanne hintereinander braten.
Spinat vorbereiten; Blanchieren, in Sieb abkühlen lassen und mit einem Kochtopfdeckel zudecken. Über Nacht in einem Behälter oder zwischen zwei Tellern im Kühlschrank aufbewahren. Vor Gebrauch auspressen.
Geeignet zum Mitnehmen.

OMELETTE MIT ZUCCHETTI

2 Personen

3 Zucchetti, mittelgross
1 Zwiebel
4 EL Olivenöl
Meersalz
Pfeffer aus Mühle
4 bis 5 Eier

Vor- und Zubereitung: 25 Minuten

1 Zucchetti beidseitig kappen, längs halbieren und in dünne Scheiben schneiden. Zwiebel fein hacken. Olivenöl in Bratpfanne (Durchmesser 28 cm) erhitzen. Beides zugeben und Gemüsefrüchte bei starker Hitze unter ständigem Rühren anbraten. Hitze reduzieren und zugedeckt weich garen. Mit Meersalz und Pfeffer würzen.
2 Eier mit wenig Meersalz verquirlen. Eimasse zu den Zucchetti geben. Bei starker Hitze unter ständigem Rühren kurz braten. Etwas flach drücken, Hitze reduzieren. Wenn sich die Omelette löst (mit Kochlöffel zuerst vom Pfannenrand lösen) und etwas braun gebraten ist (durch leichtes Anheben feststellen), auf einen flachen Teller oder flachen grossen Deckel gleiten lassen, wenden und die zweite Seite offen braten. Dabei Pfanne mehrmals hin- und herbewegen. Aussen sollte die Omelette leicht gebräunt sein, aber innen noch feucht. Lauwarm servieren.

Rest: Schmeckt auch kalt (mit etwas Gemüse, Salat oder glutenfreiem Knäckebrot dazu).

Tipp: Geeignet zum Mitnehmen.

RÜHREI MIT SÜSSKARTOFFEL UND CHAMPIGNONS

Vor- und Zubereitung: 15 Minuten

2 Personen

1 Süsskartoffel schälen und in kurze, feine Stäbchen schneiden. Pilze putzen und in dünne Scheiben schneiden. In der Butter andünsten. Mit Meersalz und Pfeffer leicht würzen und bei schwacher Hitze zugedeckt weich garen.

2 Eier mit wenig Meersalz verquirlen und zugeben. Unter ständigem Rühren braten. Pfanne von der Wärmequelle nehmen, bevor gewünschte Konsistenz erreicht ist, da die Eier durch die gespeicherte Hitze noch weitergaren.

1 Süsskartoffel
4 Champignons, gross
1 EL Butter
Meersalz
Pfeffer aus Mühle
4 Eier

Variation
Anderes Gemüse verwenden und nach Belieben würzen. Reste von Backofengemüse oder Ratatouille etc. eignen sich ebenfalls.

SPIEGELEIER PIZZAIOLA

2 Personen

10 aromatische Tomaten
4 EL Olivenöl
1 Oreganozweig
Meersalz
wenig Pfeffer aus Mühle
4 Eier

Vor- und Zubereitung: 20 Minuten

1 Tomaten am Stielansatz kreuzweise einschneiden, in siedendes Wasser tauchen, bis sich die Haut löst, mit kaltem Wasser abschrecken, schälen, Stielansatz entfernen und Tomaten entkernen. Fruchtfleisch in grobe Stücke schneiden.

2 Tomatenstücke mit Olivenöl, Oregano, Meersalz und Pfeffer in Bratpfanne (Durchmesser 24 cm) unter ständigem Rühren bei starker Hitze braten. Hitze reduzieren und zugedeckt weich garen. Oregano entfernen, mit Löffel vier Mulden in gegarte Tomaten hineindrücken.

3 Eier einzeln in Schale aufschlagen und vorsichtig in die Mulden geben, bei mittlerer Hitze zugedeckt stocken lassen. Mit Meersalz und Pfeffer würzen.

Variationen
Mit Fleisch: 1 Knoblauchzehe (ganz oder gepresst) mitbraten. Gegen Ende der Garzeit Hitze erhöhen, 4 dünne Kalbs- oder Rindsplätzli dazulegen, mit Tomatensauce bedecken und kurz gar braten.
Mit Spinat: Wenn Sie etwas blanchierten Blattspinat übrig haben, pressen Sie diesen aus und geben Sie ihn in eine Bratpfanne mit etwas Olivenöl und ein paar leicht zerdrückten Knoblauchzehen. Spinat unter ständigem Rühren kurz braten. Mit Meersalz würzen. Knoblauch entfernen. Mulden hineindrücken, 2 bis 4 Eier aufschlagen und hineingleiten lassen. Bei sehr schwacher Hitze zugedeckt stocken lassen und würzen, dabei mehrmals hin- und herbewegen.

GEMÜSE

- Die meisten frischen Gemüse sollten kühl und dunkel (Kühlschrank oder Vorratskammer) gelagert werden:
  - Im Obst- und Gemüsefach können Sie alle Blattsalate, Blattgemüse, Blumenkohl, Broccoli, Fenchel, Karotte, Kohlrabi, Lauch, Radieschen, Rande, Rosenkohl, Sellerie, Spargel (ungeschält in ein nasses Küchentuch eingepackt), Spinat (ungewaschen locker in Zeitungspapier gewickelt), und Kohl lagern.
  - Tomaten sollten separat aufbewahrt werden, da sie grosse Mengen des Gases Ethylen freisetzen, welches den Reifeprozess von anderem Obst und Gemüse beschleunigt, wenn diese daneben liegen.
  - Folgende Gemüsesorten sollten nicht im Kühlschrank aufbewahrt werden: Aubergine, Avocado, Knoblauch, Kürbis, Salatgurke, Paprikaschote, Süsskartoffel, Tomate, Zucchetti und Zwiebel.
- Tiefkühlgemüse ist eine gute Alternative zu frischem Gemüse (keine Dosenwaren).
- Auberginen (wie auch die meisten Hülsenfrüchte) gehören zu den Gemüsesorten, die nicht roh gegessen werden dürfen. Je nach Art der Zubereitung muss man die Auberginen vor dem Backen, Kochen oder Braten mit Meersalz bestreuen und 10 Minuten ziehen lassen. Am besten gelingt das Einsalzen, wenn die Auberginenscheiben auf einen schräg gestellten Teller oder in ein Pastasieb gelegt werden, so dass die Flüssigkeit abtropfen kann. Das Salz entzieht den Auberginen die Bitterstoffe und macht das Gemüse weich. Anschliessend mit Wasser kurz abwaschen, abschütteln oder mit Küchenpapier abtupfen. Beim Braten braucht es eventuell zusätzliches Olivenöl, damit die Auberginen nicht austrocknen.
- Paprikaschoten: Gewisse Menschen klagen nach dem Verzehr über Verdauungsprobleme. Abhilfe schafft das Schälen der ganzen, rohen Gemüsefrüchte mit einem Sparschäler.
- Hülsenfrüchte sind eine gute Ballaststoffquelle. Sie enthalten aber auch sehr viele Kohlenhydrate. Darum sollten sie nicht zu oft gegessen werden. Zudem können sie zu Blähungen führen und sind insbesondere für Personen mit Darmerkrankungen suboptimal.

– Süsskartoffeln stammen aus Südamerika und sind prall gefüllt mit Nähr- und Vital-stoffen, hochwertigen Ballaststoffen und Antioxidantien. Süsskartoffeln sind zwar Knollen, haben mit unseren traditionellen Kartoffeln aber sonst nichts gemeinsam, da sie zu einer anderen botanischen Familie gehören. Aufgrund des hohen Wasser-gehaltes kann man diese Knolle nicht so lange lagern. Auf keinen Fall in den Kühl-schrank stellen, sondern bei Zimmertemperatur an einem dunklen Ort lagern. Die Süsskartoffel kann roh (als Fingerfood, als Salat oder dazu), gekocht, gebacken oder grilliert (wie Kartoffeln zubereiten) gegessen werden. Da die Süsskartoffel mehr Kohlenhydrate als das normale Gemüse aufweist, sollte sie nicht zu oft gegessen werden. Die Schale ist sehr reich an vitalen Stoffen, daher wenn möglich nicht schä-len.

– Frisches Gemüse kurz, aber gründlich mit kaltem Wasser waschen und erst danach klein schneiden. Pilze, wenn möglich, nur mit Pinsel reinigen.

– Gemüse nach Möglichkeit im Dampf oder Steamer knapp weich garen. Im Kochtopf nur wenig Wasser verwenden. Wasser nur bei Gemüse salzen, welches leicht aus-einanderfällt: Blumenkohl, Broccoli, Fenchel oder Romanesco. Loses Blattgemüse (z.B. Spinat) nicht im Dampf garen.

– Gemüse nicht über Stunden warm halten. Salate mit gekochtem Gemüse sofort mit der Sauce übergiessen, kurz ziehen lassen und lauwarm oder kalt servieren.

– Frische Kräuter als Garnitur komplettieren die Speise. Kräuterreste sind für Kräuter-butter prima geeignet.

– Gewisse Gemüsereste können zu Omeletten oder Rührei verarbeitet oder mit Hack-fleisch zu Frikadellen geformt werden. Auch als Einlage in eine Suppe können sie verwendet werden.

Kräuter

Frische Kräuter nicht ins Wasser stellen, da sie sonst schneller welk werden. Anstatt des-sen in Zeitungspapier wickeln oder angefeuchtet in einen Plastikbeutel geben, wie ei-nen Luftballon aufblasen und gut verschliessen. Im Gemüsefach des Kühlschranks lagern. Kräuter können Sie selber anpflanzen, entweder im Garten oder auf der Terrasse. Sie gedeihen auch prima in Töpfen. Im Winter entweder ganz oder geschnitten tiefkühlen. Wenn Sie die Kräuter zuerst fein schneiden, 2 bis 3 Tage auf einem Backpapier mit einem Tuch zugedeckt ganz trocknen lassen und dann in einem Behälter einfrieren, haben sie immer gehackte und knackige Kräuter auf Lager. Schneller geht es, wenn Sie die Kräu-ter unzerkleinert in Folienbeuteln einfrieren. Herausnehmen und schnell im Beutel mit dem Wallholz oder den Händen zerkleinern, im Beutel belassen oder in Gefrierdosen fül-len und wieder zurück ins Gefrierfach geben. Petersilienstiele nicht wegwerfen, sondern einfrieren. Eignen sich für selbstgemachte Kraftbrühen oder Siedfleisch. Tipp: Frischer Schnittlauch, gekrause Petersilie u.a. Kräuter gleich mit Schere über die Speisen schneiden. Glatte Petersilie und Salbei am besten von Hand zerzupfen. Basilikum nicht klein hacken, sondern lieber reissen oder schneiden, so bleibt der Geschmack besser erhalten. Glatte Petersilie kann mitgekocht werden und wird allgemein in mediterranen Speisen verwendet, da sie intensiver im Geschmack ist, während die gekrauste eher für Rohspeisen geeignet ist. Gekaufte getrocknete Kräuter sind viel intensiver im Geschmack, daher nur die Hälfte oder eine Prise davon verwenden.

Gewürze

In unserem Kochbuch verwenden wir häufig Cayennepfeffer, Peperoncino (Chilischote) und Knoblauch. Cayenne und Peperoncino sind verwandt. Ihre Verwendung ist sehr vielseitig. Sie können sie zum Würzen von Suppen, Fleisch, Fisch und Gemüse sowie für Marinaden, beim Einlegen, Dünsten und Braten verwenden. Frischer Peperoncino hält sich bei Zimmertemperatur etwa zwei bis drei Tage, im Gemüsefach des Kühlschranks etwa eine Woche. Vor der Verwendung sollten Stiel, Samenscheidewände sowie Samen entfernt werden. Da die Schärfe für uns eher ungewohnt ist, sollte Peperoncino am Anfang sehr sparsam eingesetzt werden. Alternativ zum frischen Peperoncino kann man auch getrockneten verwenden: In eine Mühle füllen oder gefüllte Peperoncino-Mühle kaufen. Nicht für Speisen geeignet, welche stark angebraten werden, da der getrocknete Peperoncino viel Rauch verursacht. Wenn Sie Knoblauch verwenden, sollten Sie diesen nur kurz anbraten und anschliessend ziehen lassen. Er darf nicht braun werden, weil er sonst bitter schmecken kann (eventuell grünen Trieb vorher entfernen).

Erlaubtes Gemüse
Alles

Erlaubte Hülsenfrüchte (mit Mass)
Bohnen, Erbsen, Kichererbsen, Kefen (einzige Sorte, die roh gegessen werden darf), Linsen und Stangenbohnen

VIER DIPS ZU ROHKOST UND/ODER FINGERFOOD
Vor- und Zubereitung: jeweils 10 Minuten
Ideal zum Mitnehmen

Passen zu: Avocado, Broccoli, Fenchel, Karotte, Kohlrabi, Olive, Paprikaschote, Radieschen, Salatgurke, Stangensellerie, Süsskartoffel, Tomate, Zucchetti

2 Personen

Avocado-Fisch-Dip

1 Dorschfilet (etwa 150 g bis 170 g)
1 weiche Avocado
1 rote Zwiebel, klein
½ Zitrone, klein
Meersalz
Pfeffer aus Mühle

1 Fischfilet kalt abbrausen, mit Küchenpapier abtupfen. In wenig Olivenöl anbraten, mit der Holzkelle während des Fertigbratens zerkleinern und etwas abkühlen lassen.
2 Avocado schälen und Fruchtfleisch vom Stein lösen. Mit einer Gabel zerdrücken. Zwiebel hacken. Zitrone dazupressen.
3 Alle Zutaten zu einer Paste vermengen und abschmecken.

2 Personen

Curry-Dip

250 g Quark
150 g Griechisches Joghurt Nature
1 EL Currypulver, mild
1 TL Kurkuma-/Gelbwurzpulver
Himalayasalz
Pfeffer aus Mühle

1 Quark und Griechisches Joghurt mischen.
2 Mit den restlichen Zutaten verfeinern. Am besten 3 bis 4 Stunden zugedeckt im Kühlschrank ziehen lassen.

Tipp: Zu Fondue Bourguignonne oder Chinoise servieren.

Guacamole-Dip

2 Personen

1 Avocados schälen und Fruchtfleisch vom Stein lösen. Mit einer Gabel zerdrücken.
2 Schalotte fein hacken. Knoblauch und Zitrone oder Limette dazupressen.
3 Alle Zutaten zu einer Paste vermengen und abschmecken.

2 weiche Avocados
1 Schalotte
1 Knoblauchzehe
½ bis 1 Zitrone oder Limette
Himalayasalz
Pfeffer aus Mühle

Paprika-Dip

2 Personen

1 Paprikaschote entkernen, weisse Rippen entfernen und Fruchtfleisch grob schneiden.
2 Restliche Zutaten zugeben und pürieren. Abschmecken.

1 rote Paprikaschote
80 g schwarze Oliven, entsteint
1 EL Zitronensaft
0.5 dl Olivenöl
1 EL Basilikumblätter
Himalayasalz
Pfeffer aus Mühle

AUSWAHL EINFACHER UND SCHNELL ZUBEREITETER GEMÜSE-REZEPTE

Aubergine | Paprikaschote
Vor- und Zubereitung: 15 bis 20 Minuten

Enden der Auberginen kappen. Auberginen schälen und grob würfeln. In etwas Olivenöl unter ständigem Rühren braten (eventuell braucht es zusätzliches Öl). Mit Meersalz leicht würzen und bei mittlerer Hitze zugedeckt weich garen.
Tipp: Kurz nach dem Anbraten 1 kleine Tomate halbieren, Stielansatz entfernen, Tomate entkernen und Fruchtfleisch würfeln oder ein paar Cherrytomaten halbieren und zugeben. Paprikaschote entkernen, weisse Rippen entfernen und Fruchtfleisch in Streifen schneiden. In wenig Olivenöl unter ständigem Rühren braten. Anschliessend wie bei den Auberginen weiterfahren.
Leckere Variation: Kombinieren Sie beide Gemüsesorten und fügen Sie ebenfalls eine Tomate oder ein paar Cherrytomaten dazu. Reste am nächsten Tag aufwärmen oder kalt geniessen.

Blumenkohl | Broccoli | Romanesco (Spitzkohl)
Vor- und Zubereitung: 15 bis 20 Minuten

Wenig Meersalzwasser in Kochtopf aufkochen und Röschen inkl. geschältem Stiel offen bei mittlerer Hitze knapp weich garen. Vorsichtig absieben. Das Gemüse kann auch im Dampf oder Steamer gegart werden.
Tipp: Zu Broccoli passen ein paar Mandelblättchen oder -stäbchen oder Pinienkerne, ohne Fettzugabe geröstet. Als Variation können Sie über das Broccoli-Gemüse ein paar grob gehackte, in wenig Butter gebratene Walnüsse streuen oder den abgesiebten Broccoli zurück in den Kochtopf geben und mit 1 bis 3 geschälten, halbierten, Knoblauchzehen und etwas Olivenöl zugedeckt kurz ziehen lassen. Dabei den Topf von der Wärmequelle nehmen. Alle drei Sorten eignen sich zudem als Gemüsesalat. Lauwarmes, knapp gegartes Gemüse mit Rotweinessig, Olivenöl, Himalayasalz und eventuell wenig Pfeffer würzen, vorsichtig vermengen und kurz ziehen lassen. Reste am nächsten Tag nachwürzen.

Cima di Rapa (Stängelkohl) | Catalogna (Blattzichorie) | Löwenzahn | Spinat
Vor- und Zubereitung: 15 bis 20 Minuten

Wenig Wasser in Kochtopf aufkochen und Gemüse offen bei mittlerer Hitze kochen, bis dieses zusammenfällt. Bei den ersten zwei Gemüsesorten sollten die Stengel grosszügig entfernt und deshalb die dreifache Menge (etwa 1.5 kg für 2 Personen) eingekauft werden. Beim Löwenzahn und Spinat reichen 500 g. Beim frischen Spinat braucht es kein Wasser im Kochtopf (tropfnass hineingeben und zugedeckt erhitzen, bis dieser zusammenfällt). Der tiefgekühlte Spinat sollte in wenig siedendem Wasser blanchiert werden. Absieben, abkühlen lassen und auspressen. In etwas Olivenöl und 3 bis 4 geschälten, leicht zerdrückten Knoblauchzehen und Meersalz unter ständigem Rühren kurz braten (sautieren). Alle 4 Sorten können auch vorbereitet werden: Blanchiertes Gemüse im Sieb belassen und mit einem Kochtopfdeckel zudecken. Über Nacht in einem Behälter oder zwischen zwei Tellern im Kühlschrank aufbewahren. Vor Gebrauch auspressen. Reste von blanchiertem Spinat können z.B. für eine Omelette mit Spinat (siehe Kapitel «Eierspeisen») verwendet werden.
Achtung: Spinat sollte nicht ein zweites Mal in der Pfanne sautiert werden (Nitritgehalt steigt sprunghaft an und ist ungesund). Daher: Reste nach dem 1. Braten wegwerfen oder kalt geniessen.

Chicorée gebraten
Vor- und Zubereitung: 15 Minuten

Chicoréeblätter in Bratpfanne mit wenig Olivenöl braten. Mit Meersalz und ein paar Tropfen dunklem Balsamico-Essig würzen. Eventuell am Anfang 1 gepresste Knoblauchzehe zugeben.

Erbsen
Vor- und Zubereitung: 30 Minuten

1 gehackte Zwiebel in wenig Olivenöl andünsten. Für 2 Personen 500 g Erbsen, tiefgekühlt, andünsten. 2 dl Wasser (sollte Erbsen knapp bedecken) und etwas Meersalz zugeben. 15 Minuten bei mittlerer Hitze offen köcheln lassen. Anschliessend auf kleinem Feuer zugedeckt weich garen (sollten etwas zusammenfallen und dunkler sein als am Anfang).

Würzige Variationen: 6 Tranchen Frühstücksspeck vierteln und am Anfang mit gehackter Zwiebel mitdünsten. Am Schluss mit 1 Prise Peperoncino aus Mühle abschmecken.

Variation mit Karotten: Ein paar Karotten schälen, klein schneiden. Am Anfang zu den Erbsen zugeben oder Tiefkühlprodukt verwenden, welches Erbsen und Karotten enthält.

Italienischer Calamari-Erbsen-Topf: Calamari-Ringe (etwa 200 g bis 300 g für 500 g Erbsen) kalt abbrausen, mit Küchenpapier abtupfen. In wenig Olivenöl anbraten, 1 Knoblauchzehe und etwas glatte Petersilie fein hacken, 1 kleine Tomate, halbieren, Stielansatz entfernen, Tomate entkernen und Fruchtfleisch klein würfeln. Mit Meersalz zugeben. Bei mittlerer Hitze zugedeckt köcheln lassen, bis Calamari weich sind. Flüssigkeit etwas abgiessen. Calamari zu Erbsen oder aufgewärmten Erbsenreste vom Vortag geben und vorsichtig miteinander vermengen. Mit wenig Peperoncino aus Mühle abschmecken.

Fenchel
Vor- und Zubereitung: 20 Minuten

Wenig Meersalzwasser mit ein paar Tropfen Zitronensaft aufkochen. Fenchel längs halbieren und offen knapp weich garen. Absieben. Tipp: Ein paar Safranfäden mit Fenchel ins siedende Wasser geben. Eignet sich als Gemüsesalat. Lauwarmes, knapp gegartes Gemüse zerkleinern, mit Rotweinessig, Olivenöl, Himalayasalz und wenig Pfeffer würzen, vorsichtig vermengen und kurz ziehen lassen. Eventuell ein paar Tomatenwürfelchen zugeben. Reste am nächsten Tag nochmals nachwürzen.

Kohlrabi
Vor- und Zubereitung: 20 bzw. 30 Minuten

Kohlrabi schälen und in etwa 1 cm breite Stäbchen schneiden. Zugedeckt im Dampf oder Steamer weich garen, evtl. mit wenig Meersalz würzen.

Variation: 1 klein gehackte Zwiebel in Kochtopf mit wenig Butter andünsten, Kohlrabistäbchen andünsten, wenig Gemüsebrühe zugeben und bei mittlerer Hitze zugedeckt weich garen. Mit wenig glatter Petersilie, fein gehackt, Meersalz und wenig Pfeffer würzen. Für einen *Kohlrabi-Salat* schneiden Sie die ungewürzten und im Dampf gegarten Stäbchen in Würfel und vermengen diese mit Rotweinessig, Olivenöl und Himalayasalz. Lauwarm oder kalt servieren.

Jungspinat
Vor- und Zubereitung: 10 Minuten

Pro Person 100 g Jungspinat mit 1 Frühlingszwiebel in Ringe geschnitten in wenig Olivenöl andünsten und zugedeckt bei mittlerer Hitze garen, bis Zutaten zusammenfallen. Mit Meersalz und wenig Pfeffer würzen.

Kürbis | Süsskartoffel
Vor- und Zubereitung: 30 Minuten

600 g Kürbis schälen, entkernen und Fruchtfleisch in etwa 2 cm grosse Würfel schneiden oder 3 bis 4 Süsskartoffeln würfeln (eventuell schälen). Im Dampf weich garen (1 Kräuterzweig: Rosmarin, Salbei, Thymian etc. vorher ins Wasser geben). Mit Meersalz würzen. Wenig Kürbiskern- oder Nussöl vor dem Servieren daruntermischen. 1 Esslöffel Kürbiskerne in kleiner Bratpfanne ohne Fettzugabe rösten und über Kürbis- bzw. Süsskartoffelwürfel streuen.
Variation Kürbis: 1 Esslöffel Butter in Bratpfanne schmelzen, 1 Teelöffel mildes Currypulver darin andünsten und gegarte Kürbiswürfel kurz darin schwenken.
Variation Süsskartoffel-Salat: Lauwarme Gemüsewürfel mit Rotweinessig, Olivenöl und eventuell Meersalz würzen und lauwarm oder kalt servieren.

Lauch
Vor- und Zubereitung: 15 Minuten

2 Lauchstangen pro Person (nur heller Teil) in 5 cm lange Stücke schneiden. In wenig Butter andünsten. Mit wenig Gemüsebrühe ablöschen und bei mittlerer Hitze zugedeckt weich garen. Mit Meersalz und Pfeffer würzen.
Variation: Speckwürfelchen oder -streifen ohne Fettzugabe braten. Lauchstücke oder -ringe und 1 grob gehackte Zwiebel zugeben, mit wenig Gemüsebrühe ablöschen und bei mittlerer Hitze zugedeckt weich garen. Mit Meersalz und wenig Pfeffer würzen.

Mangold (Krautstiel) | Stangenbohnen
Vor- und Zubereitung: 20 bzw. 35 Minuten
2 Personen

1 gehackte Zwiebel und 800 g Mangold in feinen Streifen bzw. 500 g Stangenbohnen (Stielansatz abschneiden) in wenig Olivenöl andünsten. 1.5 dl kräftige Gemüsebrühe angiessen und bei mittlerer Hitze offen weich garen. Mit Meersalz würzen. Für einen Mangoldsalat wenig Wasser mit ein paar Tropfen Zitronensaft aufkochen und 1 kg Mangold zugeben. Offen weich garen (Garprobe: mit Gabel oder spitzem Messer Stiel einstechen, er muss weich sein). Absieben. Wenn Mangold abgekühlt ist, Wasser auspressen und zerkleinern. Mit Zitronensaft, Olivenöl und Himalayasalz würzen. Kurz ziehen lassen. Lauwarm oder kalt servieren.

Tipp: Stiele abschneiden und über Nacht zugedeckt in den Kühlschrank stellen. Am nächsten Tag zerkleinern und für einen Mangold-Stiel-Salat verwenden. Mit Rotweinessig, Olivenöl, 1 fein gehackter Knoblauchzehe und 3 bis 4 fein geschnittenen Basilikumblättern, Himalayasalz und wenig Pfeffer würzen. Kurz ziehen lassen.

Variation Stangenbohnen mit Tomaten: 30 g bis 40 g Speckwürfelchen, 2 grosse Tomaten halbieren, Stielansatz entfernen, Tomaten entkernen und Fruchtfleisch würfeln. Mit 2 bis 3 Basilikumblättern und 1 gehackter Zwiebel ohne Fettzugabe andünsten. 1 dl Wasser, Meersalz und Pfeffer zugeben und Bohnen zugedeckt bei mittlerer Hitze weich garen. Für einen Stangenbohnen-Salat 500 g Stangenbohnen in wenig siedendem Wasser offen weich garen. Absieben. Italienische Sauce (Rotweinessig, Olivenöl und Himalayasalz) mit den warmen Bohnen vermengen. Kurz ziehen lassen. Lauwarm oder kalt servieren.

Tipp: 1 bis 2 Eier, hart gekocht, geschält und halbiert dazu reichen. Auch gedämpfte Champignons passen zum Stangenbohnen-Salat.

Rotkabis (Rotkohl)
Vor- und Zubereitung: 50 Minuten

1 gehackte Zwiebel in wenig Olivenöl andünsten. 1 kleinen Rotkabis vierteln, harten Strunk entfernen und in feine Streifen schneiden. ½ säuerlichen Apfel schälen, Kerngehäuse entfernen und klein würfeln. Beides 5 Minuten mitdünsten. 0.5 dl Rotweinessig und 2 dl kräftige Gemüsebrühe angiessen und bei schwacher Hitze zugedeckt 40 Minuten garen. Mehrmals rühren und bei Bedarf Wasser zugeben. Mit wenig Meersalz würzen.

Weisskabis (Weisskohl)
Vor- und Zubereitung: 30 Minuten

1 gehackte Zwiebel in wenig Olivenöl andünsten. 1 kleinen Weisskabis vierteln, harten Strunk entfernen und in feine Streifen schneiden. 5 Minuten mitdünsten. 2 dl kräftige Gemüsebrühe angiessen und bei schwacher Hitze zugedeckt 20 Minuten garen. Mehrmals rühren und bei Bedarf Wasser zugeben. Mit wenig Meersalz und Pfeffer würzen.

Zwiebelgemüse
Vor- und Zubereitung: 15 Minuten

2 bis 3 Esslöffel Butter erhitzen. 4 Zwiebeln mild, gross (etwa 500 g) grob schneiden und andünsten. 1 Tomate, klein, halbieren, Stielansatz entfernen, Tomate entkernen und Fruchtfleisch klein würfeln. Mitdünsten. Mit Meersalz und Pfeffer würzen und bei mittlerer Hitze zugedeckt weich garen.
Variation: Tomate weglassen und mit 4 Eiern zu einer Omelette verarbeiten.

ARTISCHOCKEN-GEMÜSE

2 Personen

8 zarte Artischocken, klein
2 EL Olivenöl
Meersalz
1 Knoblauchzehe
250 g Cherrytomaten

Vor- und Zubereitung: 30 Minuten

1 Äussere, harte grüne Blätter (2 bis 4 Reihen) der Artischocken entfernen, oben Spitzen grosszügig abschneiden, Stiel abnehmen und schälen. Artischocken vierteln und Heu entfernen. Stiel, gelbe Blätter und Boden zerkleinern. Im Olivenöl andünsten.
2 1 dl Wasser, Meersalz und 1 Knoblauch zugeben. Zugedeckt bei mittlerer Hitze weich garen, eventuell zusätzliches Wasser beifügen. Knoblauch entfernen.
3 Tomaten halbieren und auf Artischocken verteilen. Mit Meersalz würzen. Zugedeckt kurz ziehen lassen.

Variation
Cherrytomaten weglassen.

AUBERGINEN-CHIPS

Vor- und Zubereitung: 20 Minuten
Backofen vorheizen: 120 °C
Backen: 30 Minuten (Mitte Backofen)

2 Personen

2 bis 3 Auberginen
Meersalz
4 bis 5 EL Olivenöl

1 Auberginen beidseitig kappen. Gemüsefrüchte in 1 ½ mm bis 2 mm dicke Scheiben schneiden. Eine Seite mit Meersalz leicht würzen. Auf schräg gestelltem grossen Teller oder in Pastasieb etwa 10 Minuten abtropfen lassen. Abschütteln und auf ein mit Backpapier ausgelegtem Blech legen.
2 Olivenöl darüberträufeln und im Ofen knusprig backen.

Rest: Schmeckt auch kalt.

Tipp: Geeignet zum Mitnehmen.

AUBERGINEN-PICCATA

2 Personen

2 Auberginen
wenig Meersalz
2 Eier
6 EL Olivenöl

Tomatensauce:
6 aromatische Tomaten
1 Knoblauchzehe
2 bis 3 Basilikumblätter
2 EL Olivenöl

Vor- und Zubereitung: 40 Minuten

1 Für die Sauce Tomaten am Stielansatz kreuzweise einschneiden, in siedendes Wasser tauchen, bis sich die Haut löst, mit kaltem Wasser abschrecken, schälen, Stielansatz entfernen und Tomaten entkernen. Fruchtfleisch in grobe Stücke schneiden.
2 Knoblauch und Basilikum im Olivenöl sehr kurz andünsten. Sofort Tomatenstücke zugeben und unter ständigem Rühren bei starker Hitze 2 bis 3 Minuten braten. Hitze reduzieren, zugedeckt etwa 15 Minuten weich garen. Knoblauch und Basilikum entfernen, eventuell pürieren oder mit Gabel zerdrücken.
3 Inzwischen Auberginen beidseitig kappen. Gemüsefrüchte längs in 3 mm bis 4 mm dicke Scheiben schneiden. Eine Seite mit Meersalz leicht würzen. Auf schräg gestelltem grossen Teller oder in Pastasieb etwa 10 Minuten abtropfen lassen. Abschütteln.
4 Eier verquirlen, Auberginenscheiben darin wenden. In heissem Olivenöl goldbraun braten (eventuell braucht es zusätzliches Öl). Auf Küchenpapier abtropfen lassen. Piccata lauwarm oder kalt servieren.

Variationen
Tomatensauce weglassen.
Kann auch mit Zucchetti zubereitet werden. Vor- und Zubereitungszeit verkürzt sich um 10 Minuten, da diese nicht mit Salz ziehen müssen.

Rest: Schmeckt auch kalt.

Tipp: Geeignet zum Mitnehmen.

BLUMENKOHL GARNIERT

Vor- und Zubereitung: 30 Minuten

2 Personen

1 Blumenkohl in Röschen teilen und in wenig siedendem Meersalzwasser bei mittlerer Hitze offen knapp weich garen. Absieben.

2 Inzwischen Tomaten halbieren, Stielansatz entfernen, Tomaten entkernen und Fruchtfleisch klein würfeln. Ei grob würfeln und Petersilie fein hacken. Mit Rotweinessig, Olivenöl und Himalayasalz vermengen.

3 Zutaten für die Sauce verrühren und mit warmem Kohl vorsichtig vermengen. Kurz ziehen lassen. Anrichten. Garnitur darüber verteilen.

Variation

Etwas Rohschinken – in feinen Streifen – oder gekochten, gewürfelten Schinken darüber streuen. Eventuell ein paar entsteinte Oliven in dünnen Scheiben zugeben.

1 kg Blumenkohl

2 Tomaten, klein

1 Ei, hart gekocht

wenig Petersilie, glatt

1 EL Rotweinessig

1 EL Olivenöl

Himalayasalz

Sauce:

5 bis 6 EL Rotweinessig

3 bis 4 EL Olivenöl

wenig Himalayasalz

wenig Pfeffer aus Mühle

BACKOFENGEMÜSE

Vor- und Zubereitung: 20 Minuten
Backofen vorheizen: 200 °C
Backen: 30 Minuten (Mitte Backofen)

4 Personen

1 Aubergine, klein
1 Zucchetti, klein
1 Paprikaschote (Farbe nach Belieben), klein
1 Kohlrabi, klein
1 Karotte
1 Fenchelknolle
8 Champignons
1 Tomate
2 Zwiebeln (oder Frühlingszwiebeln)
Kräuter gemischt (Basilikum, Oregano, Rosmarin, Salbei oder Thymian)
reichlich Olivenöl
Meersalz
Pfeffer aus Mühle
3 Knoblauchzehen
4 Zweige Cherrytomaten

1 Auberginen beidseitig kappen. Gemüsefrüchte quer in etwa 2 mm dicke Scheiben schneiden.
2 Zucchetti beidseitig kappen, Paprikaschote entkernen, weisse Rippen entfernen, Kohlrabi und Karotte schälen, Fenchel längs vierteln und Strunk entfernen. Gemüse in sehr dünne Scheiben, Stäbchen oder feine Streifen schneiden (je härter das Gemüse, desto kleiner sollte es geschnitten werden). Geputzte Pilze, Tomate und Zwiebeln vierteln.
3 Mit Kräutern, reichlich Olivenöl, Meersalz und Pfeffer würzen und mischen. Auf ein mit Backpapier ausgelegtem Blech setzen. Knoblauch darauf verteilen. Im Ofen backen.
4 Cherrytomatenzweige die letzten 15 Minuten auf das Gemüse legen und mitbacken.

Variation Backofengemüse mariniert
Am Vortag Gemüse nach Belieben rüsten (Broccoli, Lauch und Rosenkohl eignen sich nicht als Backofengemüse). Mit reichlich frischen Kräutern und wenig getrockneten italienischen Kräutern (Mischung), wenig Olivenöl, wenig Meersalz, 1 bis 2 gepressten und 2 bis 3 geschälten Knoblauchzehen vermengen. Zugedeckt im Kühlschrank über Nacht ziehen lassen. Am nächsten Tag Flüssigkeit abgiessen, mit reichlich Olivenöl, etwas Meersalz und Pfeffer nachwürzen und im Ofen backen.

Rest: Schmeckt auch kalt oder als Gemüsesalat (mit etwas Rotweinessig, Olivenöl und eventuell Himalayasalz, Pfeffer anmachen). Eignet sich zum Mitnehmen.

CHAMPIGNONS MARINIERT

2 Personen

je 250 g Champignons weiss
und braun, klein
2 EL Olivenöl
2 EL Butter
½ TL Meersalz

Marinade:
1 Zitrone, unbehandelt
2 Knoblauchzehen
2 EL Petersilie, glatt
1 Msp. Peperoncino, frisch
6 EL Olivenöl

Vor- und Zubereitung: 15 Minuten
Marinieren: 2 bis 3 Stunden

1 Pilze putzen, halbieren und im Bratfett (Olivenöl und Butter) kräftig anbraten. Mit Meersalz würzen und Champignons offen weich garen. Mit Lochkelle aus dem Sud heben.

2 Für Marinade Zitronenschale abreiben (nur gelber Teil), Knoblauch und Petersilie fein hacken. Mit 2 bis 3 Esslöffel Zitronensaft zum Sud geben. 1 bis 2 Minuten offen köcheln lassen. Peperoncino entkernen und fein hacken. Mit Olivenöl unter Sud mischen und Flüssigkeit über die warmen Champignons giessen. Zugedeckt marinieren.

Tipps: Als Vorspeise servieren.
Geeignet zum (kalt) Mitnehmen.

CHERRYTOMATEN KUNTERBUNT

Vor- und Zubereitung: 5 Minuten
Backofen vorheizen: 220 °C
Backen: etwa 15 - 20 Minuten (obere Hälfte des Backofens)

1 Tomaten auf ein mit Backpapier ausgelegtem Blech setzen und im Backofen backen (Haut sollte leicht aufspringen).
2 Für die Sauce Knoblauch pressen und Petersilie fein hacken. Mit den restlichen Zutaten vermengen und über die heissen Tomaten giessen. Anrichten.

Variation

In England und Schottland werden Cherrytomaten am Zweig als Dekorations-Beilage serviert. Rote Cherrytomaten am Zweig wie oben beschrieben im Ofen braten. Auf Teller anrichten und mit etwas Meersalz oder Basilikumpesto (Rezept siehe «Fisch-Gemüse-Suppe») würzen. Schön sieht es auch aus, wenn der Zweig abgenommen wird, aber der grüne Stielansatz dran bleibt.

Reste: Schmecken auch kalt.

2 Personen

500 g Cherrytomaten, diverse Farben

Sauce:
1 Knoblauchzehe
2 EL Petersilie, glatt
2 EL Rotweinessig
1 EL Balsamico-Essig, dunkel
6 EL Olivenöl
Meersalz
wenig Pfeffer aus Mühle

KAROTTEN MIT SCHALOTTEN GLASIERT

2 Personen

300 g Karotten
2 ½ EL Butter
150 g Schalotten
Meersalz

Vor- und Zubereitung: 30 Minuten

1 Karotten schälen. Halbieren und längs in Stäbchen vierteln. In 2 Esslöffel Butter andünsten. Schalotten halbieren oder vierteln. Mitdünsten.
2 0.5 dl bis 1 dl Wasser angiessen, aufkochen und mit wenig Meersalz würzen. Zugedeckt bei mittlerer Hitze etwa 15 Minuten garen. Deckel entfernen und weiterkochen, bis Flüssigkeit fast vollständig verdampft ist.
3 ½ Esslöffel Butter darüber verteilen und Pfanne hin- und herschwenken, bis das Gemüse glänzt.

Variationen
Geschälte Karotten in wenig siedendem Wasser weich garen. In dünne Scheiben schneiden und als Gemüsebeilage servieren.

Lauwarmer Karotten-Salat
Warme Karottenscheiben mit Rotweinessig, Olivenöl, Himalayasalz und wenig klein geschnittenem Schnittlauch oder Petersilie würzen. Eventuell 1 fein gehackte Zwiebel untermischen.

Tipp: Karottensalat eignet sich zum Mitnehmen.

KEFEN-SALAT

Vor- und Zubereitung: 20 Minuten

2 Personen

1 Kefen in wenig Meersalzwasser offen weich garen. Absieben.
2 Inzwischen Tomaten halbieren, Stielansatz entfernen, entkernen und Fruchtfleisch klein würfeln. Zugeben.
3 Zutaten für die Sauce verrühren und mit warmen Kefen-Tomatenwürfelchen vermengen.

300 g bis 400 g Kefen
2 Tomaten

Sauce:
3 bis 4 EL Rotweinessig
3 bis 4 EL Olivenöl
Himalayasalz
Pfeffer aus Mühle

Variation
1 Schalotte oder Zwiebel in wenig Olivenöl andünsten, 300 g Kefen mitdünsten, mit 1 dl Wasser oder Gemüsebrühe ablöschen und mit Meersalz und Pfeffer würzen. Bei mittlerer Hitze zugedeckt weich garen. Eventuell gegen den Schluss ein paar Cherrytomaten darauflegen, würzen und kurz ziehen lassen. Anstatt Cherrytomaten ein paar schwarze Oliven darauf verteilen.

Tipp: Geeignet zum (kalt) Mitnehmen.

LAUCHGEMÜSE MIT EIER-VINAIGRETTE

Vor- und Zubereitung: 25 Minuten

2 Personen

1 Grobfasrige Teile beim Lauch entfernen. In wenig Meersalzwasser oder in Dampf mit etwas Meersalz weich garen. Längs halbieren und anrichten.

2 Für die Vinaigrette Pinienkerne ohne Fettzugabe rösten. Mit Ei grob hacken. Petersilie und Zwiebel fein hacken. Rotweinessig und Olivenöl unterrühren und mit Himalayasalz und Pfeffer abschmecken. Auf die halbierten Stangen verteilen. Lauwarm oder kalt servieren.

Tipps: Als Vorspeise servieren.
Vinaigrette passt auch zu Spargel.

2 Lauchstangen, dick
Meersalz

Vinaigrette:

1 EL Pinienkerne

1 Ei, hart gekocht

1 EL Petersilie, glatt oder gekraust

½ Zwiebel, klein

2 EL Rotweinessig

3 EL Olivenöl

Himalayasalz

Pfeffer aus Mühle

LATTICH MIT TOMATENPESTO

2 Personen

500 g Lattich
Meersalz

Tomatenpesto:
50 g getrocknete, in Öl eingelegte Tomaten
2 EL Mandelstäbchen
1 EL Petersilie, glatt

Vor- und Zubereitung: 25 Minuten

1 Tomaten abtropfen lassen, dabei das Öl in Schüssel
auffangen. Mandelstäbchen ohne Fettzugabe rösten.
2 Petersilie mit abgetropften Tomaten und 1 Esslöffel ge-
rösteten Mandelstäbchen fein hacken. 2 Esslöffel Tomatenöl zugeben und vermengen.
3 Lattich längs halbieren oder in Blätter zerlegen. In 1
Esslöffel Tomatenöl stark anbraten. 1 dl Wasser und
wenig Meersalz zugeben und bei mittlerer Hitze zugedeckt weich garen. Aus dem Sud heben und anrichten.
4 2 Esslöffel Kochflüssigkeit unter den Pesto rühren und
auf das Gemüse verteilen. Restliche Mandelstäbchen
darüberstreuen.

RATATOUILLE

Vor- und Zubereitung: 45 Minuten

4 Personen

1 Enden der Auberginen und Zucchetti kappen. Pilze putzen. Auberginen, Zucchetti und Champignons in etwa 2 cm grosse Würfel schneiden. In 4 Esslöffel Olivenöl offen 10 Minuten braten (eventuell braucht es zusätzliches Öl). Beiseite stellen.
2 Zwiebeln halbieren und in Streifen schneiden. Paprikaschoten entkernen, weisse Rippen entfernen und würfeln. Tomaten mit scharfem Messer oder Sparschäler etwas schälen, halbieren, Stielansatz entfernen, Tomaten entkernen und Fruchtfleisch ebenfalls würfeln. Knoblauch in dünne Scheiben schneiden. Zutaten in 2 Esslöffel Olivenöl andünsten, Kräuter zugeben und Gemüse bei schwacher Hitze zugedeckt weich garen.
3 Beiseite gestelltes Gemüse und 2 bis 3 Esslöffel Wasser beifügen. Zugedeckt weitere 10 Minuten garen.
4 Basilikum zerzupfen und zugeben. Mit Rotweinessig, Meersalz, Pfeffer und Cayennepfeffer abschmecken.

Tipps: Kann auch kalt serviert werden. Zugedeckt ½ Tag in den Kühlschrank stellen. Eventuell nachwürzen. Geeignet zum Mitnehmen.

Rest für Omelette/Rührei: Mit Eiern verquirlen und zu einer Omelette oder einem Rührei verarbeiten.

2 Auberginen, klein

4 Zucchetti

200 g Champignons, klein

6 EL Olivenöl

2 Zwiebeln, gross

1 rote und gelbe Paprikaschote

4 Tomaten

3 Knoblauchzehen

1 TL Thymianblättchen oder

1 Msp. italienische Kräuter, getrocknet

3 bis 4 Basilikumblätter

2 EL Rotweinessig

Meersalz

Pfeffer aus Mühle

1 Msp. Cayennepfeffer

PAPRIKA MIT MARINADE ODER VINAIGRETTE

Vor- und Zubereitung: 5 bis 10 Minuten
Backofen vorheizen: 240 °C
Backen: 15 bis 20 Minuten (Mitte Backofen)
Abkühlen lassen: 30 Minuten
Ziehen lassen: mindestens 10 Minuten

2 Personen

je 2 rote und gelbe Paprika-schoten

1 Paprikaschoten auf ein mit Backpapier ausgelegtem Blech setzen. Im vorgeheizten Ofen backen, bis Haut Blasen wirft, gebräunt ist und Schoten etwas zusammengefallen sind.

2 Herausnehmen, einzeln in Küchentuch wickeln und etwas abkühlen lassen. Haut abziehen, vierteln, Kerne und weisse Rippen entfernen.

3 Für die Marinade Olivenöl, Himalayasalz und Knoblauch mit den Schoten vermengen. Zugedeckt 10 Minuten ziehen lassen. Knoblauch vor dem Servieren entfernen.

4 Für die Vinaigrette Sardellenfilets kalt abbrausen, abtropfen lassen. Mit Kapern und Petersilie fein hacken. Abschmecken mit Rotweinessig, Olivenöl, Himalayasalz und wenig Pfeffer. Vinaigrette auf Schoten verteilen. Zugedeckt 10 Minuten ziehen lassen. Lauwarm oder kalt servieren.

Rest: 1 Woche im Kühlschrank lagern oder gleich tiefkühlen.

Tipps: Als Vorspeise servieren.
Geeignet zum Mitnehmen.

Praktisch: 1 rote Paprikaschote zusätzlich zubereiten und am nächsten Tag für Paprika und Thunfisch auf Salatbett (Rezept siehe Kapitel «Vorspeisen») verwenden.

Marinade:
4-6 EL Olivenöl
Himalayasalz
1 Knoblauchzehe

oder

Vinaigrette:
4 Sardellenfilets
1 TL Kapern
3 EL Petersilie, glatt
2 EL Rotweinessig
4 EL Olivenöl
Himalayasalz
wenig Pfeffer aus Mühle

ROSENKOHL MIT WALNUSSBRÖSELN

2 Personen

500 g Rosenkohl
2 EL Walnusskerne
2 EL Butter
1 Zitrone oder 1 Limette,
unbehandelt
Meersalz
Pfeffer aus Mühle

Chili-Dip:
1/8 Peperoncino, frisch
wenig Petersilie, glatt oder
gekraust
4 EL griechisches Joghurt
1 EL Zitronen- oder Limettensaft

Vor- und Zubereitung: 30 Minuten

1 Den Stielansatz des Rosenkohls leicht kappen und kreuzweise einschneiden. Offen in wenig siedendem Wasser weich garen. Absieben.
2 Inzwischen Nüsse grob hacken und in der Butter goldbraun rösten. Beiseite stellen.
3 Für den Dip Peperoncino entkernen und mit Petersilie fein hacken. Mit Joghurt und Saft vermengen.
4 Wenig Zitronen- oder Limettenschale abreiben (nur gelber Teil) und wenig Saft pressen. Mit Meersalz und Pfeffer verrühren und mit Rosenkohl vermengen. Anrichten, Walnüsse darüber streuen und Chili-Dip dazu servieren.

Variation
Chili-Dip weglassen.

SPARGELSPITZEN GEBRATEN

Vor- und Zubereitung: 15 Minuten

2 Personen

1 Spargeln sorgfältig schälen, so dass alle hölzernen Fasern entfernt sind. Das untere Ende abschneiden.

2 Schalotte fein hacken und im Olivenöl andünsten. Spargeln mitdünsten.

3 Meersalz und 0.5 dl Wasser zugeben. Hitze reduzieren und zugedeckt weich garen (eventuell braucht es noch zusätzliches Wasser).

500 g Spargelspitzen oder
Mini-Grünspargeln
1 Schalotte
2 EL Olivenöl
Meersalz

Variation
50 g Frühstücksspeck, quer in feine Streifen geschnitten, ohne Fettzugabe knusprig braten. Geschälte Spargeln halbieren und zugeben. 2 Knoblauchzehen fein hacken, untermischen und kurz mitbraten. Meersalz und 0.5 dl Wasser zugeben. Hitze reduzieren und zugedeckt weich garen (eventuell braucht es zusätzliches Wasser).

SÜSSKARTOFFELSCHEIBEN

Vor- und Zubereitung: 20 Minuten

2 Personen

1 Süsskartoffeln (ungeschält) in etwa 1.5 cm dicke Scheiben schneiden und 5 Minuten im Dampf garen.

2 Mit wenig Olivenöl beidseitig bestreichen und in Grillpfanne offen gar braten. Mit Himalayasalz leicht würzen und mit wenig Zitronensaft verfeinern.

500 g Süsskartoffeln
Olivenöl
Himalayasalz
wenig Zitronensaft

Tipps: Auf dem Grill zubereiten.
Geeignet zum Mitnehmen.

SPARGEL MIT VINAIGRETTE

2 Personen

1 EL Butter
etwas Zitronensaft
Meersalz
1 kg Spargeln, weiss und/oder
grün

Vinaigrette:
1 Tomate
1 Ei, hart gekocht
½ Zwiebel
3 EL Kräuter gemischt (Petersilie, Schnittlauch, Basilikum)
3 EL Rotweinessig
3 bis 4 EL Olivenöl
Himalayasalz
wenig Pfeffer aus Mühle

Vor- und Zubereitung: 30 Minuten

1 Wasser mit Butter, Zitronensaft und Meersalz in Spargelkochtopf oder grossem Kochtopf aufkochen.
2 Spargeln sorgfältig schälen, so dass alle hölzernen Fasern entfernt sind. Das untere Ende abschneiden. Die
geschälten Stangen zugedeckt weich garen. 1 Esslöffel
Sud beiseite stellen. Absieben.
3 Inzwischen für die Vinaigrette Tomate halbieren,
Stielansatz entfernen, Tomate entkernen und Fruchtfleisch mit Ei klein würfeln, Zwiebel und Kräuter fein
schneiden. Mit dem beiseite gestellten Sud und den
restlichen Zutaten vermengen und darüber verteilen.
Zugedeckt kurz ziehen lassen oder dazu reichen. Lauwarm servieren.

Variation
Anstatt Vinaigrette 1 Esslöffel Spargelsud, 4 Esslöffel Rotweinessig, 4 Esslöffel Olivenöl, Himalayasalz und wenig
Pfeffer verrühren und auf Spargeln verteilen. Zugedeckt
kurz ziehen lassen. Eventuell ein paar Parmesanspäne
vor dem Servieren darüber verteilen.

Als Hauptspeise
Graved Lachs, gekochten oder Rohschinken dazu servieren.

Tipp: Als lauwarme oder kalte Vorspeise servieren.

TOMATENSCHEIBEN IM BACKOFEN

Vor- und Zubereitung: 15 Minuten
Backofen vorheizen: 220 °C
Backen: 25 Minuten (Mitte Backofen)

2 Personen

2 EL Olivenöl
1.5 kg Fleischtomaten
Meersalz
Pfeffer aus Mühle
3 Zwiebeln, gross

1 Backblech mit Olivenöl ausstreichen. Tomaten längs in etwa 1 cm dicke Scheiben schneiden, auf Blech auslegen. Mit Meersalz und wenig Pfeffer würzen.
2 Zwiebeln in feine Ringe schneiden und auf Tomaten verteilen. Im Ofen 5 Minuten backen. Hitze auf 200 °C reduzieren und weitere 20 Minuten backen.

Variation Tomaten aus dem Ofen
4 bis 6 Tomaten längs halbieren und auf ein mit Backpapier ausgelegtem Blech setzen. Mit fein geschnittenen frischen und/oder wenig getrockneten Kräutern, fein gehacktem Knoblauch, dunklem Balsamico-Essig, Olivenöl und Meersalz würzen oder Basilikumpesto (Rezept siehe «Fisch-Gemüse-Suppe») darüberträufeln.

Variation Bratpfanne
2 Esslöffel Olivenöl in Bratpfanne erhitzen, 4 bis 6 Tomaten halbieren, Stielansatz entfernen, entkernen und Fruchtfleisch vierteln oder achteln. 1 geschälte Knoblauchzehe, je ½ Rosmarin- und Salbeizweig zugeben, mit Meersalz und Pfeffer würzen. Bei mittlerer Hitze zugedeckt weich garen. Knoblauch und Gewürze vor dem Servieren entfernen.

ZUCCHETTI MIT SPECK UND TOMATEN

2 Personen

50 g Speckwürfelchen

2 EL Olivenöl

1 Zwiebel

2 EL Petersilie, glatt

1 bis 2 Knoblauchzehen

4 Zucchetti, mittelgross

4 Tomaten

Meersalz

Pfeffer aus Mühle

Vor- und Zubereitung: 40 Minuten

1 Speck im Olivenöl knusprig braten. Zwiebel in Ringe schneiden, Petersilie fein hacken und mit Knoblauch bei schwacher Hitze offen mitbraten, etwa 10 Minuten.

2 Zucchetti beidseitig kappen, längs vierteln und die Stäbchen quer in drei Stücke schneiden. Tomaten halbieren, Stielansatz entfernen, Tomaten entkernen und Fruchtfleisch grob würfeln. Zucchettistücke und Tomatenwürfel beifügen und würzen. Zugedeckt bei schwacher Hitze 20 Minuten garen. Mehrmals umrühren. Knoblauch entfernen.

Variationen

Zucchetti in Scheiben 1 Zwiebel fein hacken und 4 mittelgrosse Zucchetti in 1 mm bis 2 mm dicke Scheiben schneiden. In etwas Olivenöl bei starker Hitze anbraten (eventuell portionenweise). Zugedeckt bei mittlerer Hitze weich garen. Mit Meersalz und Pfeffer würzen. Eventuell ½ Teelöffel Oreganoblättchen, fein gehackt, mitgaren.

Sehr raffiniert: Gebackener Zucchetti-Salat: 3 Zucchetti in dünne Scheiben hobeln. Mit wenig Meersalz und Olivenöl mischen und auf ein mit Backpapier ausgelegtem Blech verteilen. Im vorgeheizten Ofen bei 200 °C 20 Minuten backen. Mit Sauce (Rotweinessig und Olivenöl, 1 gepresste Knoblauchzehe und Pfeffer) vorsichtig vermengen. Kurz ziehen lassen. Lauwarm oder kalt servieren. Eventuell ein paar schwarze Oliven (in Scheiben) darauf verteilen.

Tipp: Zucchetti-Salat eignet sich zum Mitnehmen.

NACHSPEISEN

Stevia – die Alternative zu Zucker
Oft verwenden Leute künstlichen Zucker oder Zuckerersatz, weil sie denken, sie würden sich und ihrer Gesundheit damit etwas Gutes tun. Fehlanzeige – und bestimmt nicht die Lösung, wenn man seinen Zuckerkonsum verringern will! Sorbitol, Saccharin, Aspartam und andere sind schlechter für den Körper als normaler Zucker. Sie werden mit Krebserkrankungen und Übergewicht in Verbindung gebracht. Zudem begünstigt künstlicher Zucker eine Gewichtszunahme, da er den natürlichen Hormonhaushalt im Körper stört. Studien haben ergeben, dass Leute, welche auf ihre künstlich gesüssten Getränke (mit Aspartam) verzichten, eine deutliche Gewichtsabnahme verzeichnen konnten. Darum ist es ratsam, alle künstlich gesüssten Lebensmittel aus der täglichen Ernährung zu streichen. Viele Leute dürften sich nun die Frage stellen: «Wie kann ich mich denn besser ernähren, wenn ich trotzdem ein wenig Süsse in meinen Speisen und Getränken haben will?» Eine grossartige Zucker-Alternative ist Stevia, eine natürlich süsse Pflanze. Sie stammt aus Paraguay und ist unverarbeitet 30 Mal süsser als Zucker. Stevia ist eine gute Wahl, da sie absolut natürlich ist, keine Kalorien enthält und den Blutzucker nicht in die Höhe schnellen lässt. Steviablätter eignen sich perfekt, um von raffiniertem weissem oder von künstlichem Zucker abzulassen. Man findet Stevia in Supermärkten, Drogerien und Apotheken, in Pulver- oder Tropfenform. Man kann es zum Süssen von Getränken, Süssspeisen und zum Backen verwenden.

Tipp
Es braucht sehr wenig Stevia, um eine angenehme Süsse zu erreichen. Bei zu grosszügiger Verwendung kann ein bitterer Nebengeschmack entstehen.

Honig
Honig (vom lokalen Imker) ist Haushaltzucker in allen Belangen überlegen und kann hin und wieder zum Süssen von Desserts verwendet werden (siehe Text über Honig, unter «Basiswissen/Zutaten»).

Mehl

Zum Kuchenbacken gibt es die Möglichkeit, herkömmliches Getreidemehl durch Buchweizen, Amarant oder Erdmandel zu ersetzen. Hier aber immer im Kopf behalten, dass diese sehr kohlenhydratreiche Samen sind. Besser eignen sich Nussmehle (wie z.B. Mandel- oder Haselnussmehl), da diese viel Eiweiss und gesundes Fett beinhalten. Die genannten Alternativen sind alle glutenfrei.

Früchte

- Insbesondere, wenn Sie eine Gewichtsreduktion anstreben, sollten Sie nicht zu häufig Früchte mit hohem Fruchtzuckeranteil wie z.B. Bananen, Feigen, Kirschen, Mangos, Trauben oder Dörrfrüchte essen. Die bessere Variante sehen Sie unter Spezialfrühstück nach Charles Poliquin (unter «Essen zu Hause»).
- Südländische Früchte wie Ananas, Bananen, Mangos, Papayas, Zitrusfrüchte, aber auch Aprikosen, Birnen, Feigen und Kiwis sollten nicht im Kühlschrank gelagert werden.
- Auch Äpfel gehören nicht in den Kühlschrank und sollten separat aufbewahrt werden, da sie grosse Mengen an Ethylen freisetzen, das Obst und Gemüse schneller verderben lässt. Sie können die Wirkung von Ethylen auch für Ihre Zwecke nutzen: Legen Sie z.B. unreife Kiwis dazu. Damit beschleunigen Sie den natürlichen Reifungsprozess.
- Rhabarber mit einem nassen Küchentuch einpacken und im Gemüsefach des Kühlschranks lagern.
- Beeren immer gleich aus den Schälchen nehmen und nebeneinander auf einen Teller offen in den Kühlschrank stellen (Haltbarkeit 2 bis 3 Tage). Die meisten Beeren können tiefgekühlt werden: Ende Saison einen Vorrat einfrieren oder gefroren kaufen. Darauf achten, dass gekaufte Tiefkühlbeeren nicht mit Zucker angereichert sind. Alternativ gefriergetrocknete verwenden (ein paar Stunden oder über Nacht in wenig Wasser einweichen). Bei Erdbeeren auf Bio-Qualität achten, da diese eine der am meisten gespritzte Anbaupflanze der Welt sind.

ÄPFEL IM BACKOFEN

Vor- und Zubereitung: 10 Minuten
Backofen vorheizen: 220 °C
Backen: 15 bis 20 Minuten (Mitte Backofen)

2 Personen

3 Äpfel Golden, gross
6 Himbeeren, frisch oder tiefgekühlt
3 bis 4 EL Haselnüsse, gemahlen
2 TL Butter

1 2 Äpfel schälen, Kerngehäuse mit Ausstecher entfernen und in ein Bratgeschirr (mit Deckel) setzen.
2 Je eine Himbeere in die Apfelöffnung hineinstecken. Mit einem kleinen Löffel gemahlene Haselnüsse bis zur Mitte einfüllen. Nochmals je eine Himbeere hineinlegen. Mit gemahlenen Haselnüssen füllen und je eine Himbeere daraufsetzen. Etwas andrücken.
3 Je 1 Teelöffel Butter oben auf die Himbeeren legen.
4 1 Apfel vierteln, entkernen und durch Entsafter (Gemüse- oder Fruchtpresse) pressen. Saft zu Äpfeln giessen. 1 Esslöffel gemahlene Haselnüsse in den Apfelsaft geben. Zugedeckt etwa 15 bis 20 Minuten backen (Äpfel sollten weich sein, aber nicht zusammen- oder auseinanderfallen). In Dessertteller legen und mit restlicher Flüssigkeit übergiessen.

Variationen
Die Äpfel vor dem Backen mit etwas Zimt bestreuen.
Probieren Sie es mit grossen Birnen.

APFELPÜREE MIT DATTELN

2 Personen

4 Äpfel
1 ½ EL Zitronensaft
1 TL Honig
4 Datteln, getrocknet
2 Feigen, frisch
1 EL Pinienkerne

Vor- und Zubereitung: 30 Minuten

1 Äpfel schälen, Kerngehäuse mit Ausstecher entfernen und Äpfel in dünne Scheiben schneiden. In Kochtopf geben.
2 2 Esslöffel Wasser mit Zitronensaft zugeben und aufkochen. Hitze reduzieren. Zugedeckt 15 Minuten weich garen, dabei Kochtopf mehrmals hin- und herbewegen. Apfelscheiben mit Lochkelle aus dem Sud heben und durch das Passe-Vite drehen/die Kartoffelpresse drücken. Honig untermischen.
3 Datteln entkernen und in feine Streifen schneiden. Feigen schälen. Dattelstreifen und Feigensamen mit Apfelpüree vermengen. Anrichten.
4 Pinienkerne ohne Fettzugabe hellbraun rösten und Apfelpüree bestreuen. Warm oder kalt servieren.

Tipp: Im Herbst und Winter etwas Zimt unterrühren.

ERDBEEREN MIT ZABAIONE

Vor- und Zubereitung: 15 Minuten

2 Personen

1 Erdbeeren halbieren oder würfeln. In hohe Gläser anrichten.
2 Eigelbe rühren bis die Masse etwas heller und steifer geworden ist. Vanilleschote längs halbieren, Mark herauskratzen. Zusammen mit Stevia zugeben und zu einer luftigen, cremigen Zabaione weiterrühren. Über die Beeren verteilen. Sofort servieren.

Variation
Süsse Kirschen, Heidelbeeren oder gemischte Beeren verwenden.

2 Handvoll Erdbeeren
2 Eigelbe
½ Vanilleschote
4 bis 5 Tropfen Stevia oder 1 gestrichener TL Steviapulver

FRUCHTEIS

Vor- und Zubereitung: 15 Minuten

2 Personen

1 Früchte rüsten. Mit Zitronen- und Orangensaft vermengen.
2 Vanilleschote längs halbieren, Mark herauskratzen und zugeben. Alles fein pürieren und durch ein grobmaschiges Sieb streichen (am schnellsten geht es, wenn man kleine Mengen in das Sieb gibt und es schnell hin- und herbewegt).
3 Früchtepüree in Eisformen (je etwa 1 dl) giessen und 3 bis 4 Stunden einfrieren lassen.

2 Handvoll Früchte (nach Belieben)
1 TL Zitronensaft
1 Orange, Saft
½ Vanilleschote

NUSSKUCHEN

4 Personen

5 Eier

½ Vanilleschote

2 EL Zitronensaft

4 EL Kokosöl (oder-fett, geschmolzen)

1 Prise Meersalz

200 g Haselnüsse, gemahlen

1 TL Backpulver (oder Natron)

Stevia

Obst, frisch (v.a. Beeren)

Vor- und Zubereitung: 15 Minuten
Backofen vorheizen: 160 °C
Backen: Muffins 25 Minuten; Kuchen 30 Minuten (Mitte Backofen)

1 Eier trennen. Eigelb schaumig schlagen, bis dieses etwas heller und cremig ist. Eiweiss beiseite stellen.
2 Vanilleschote längs halbieren, Mark herauskratzen. Mit Zitronensaft und Kokosöl zum Eiweiss geben und vermengen.
3 Eiweiss mit Meersalz so steif als möglich schlagen. Vorsichtig mit der Eigelbmasse vermengen.
4 Haselnüsse, Backpulver und etwas Stevia (nach Bedarf, bitte probieren) zugeben. Vorsichtig mischen. Muffinförmchen oder rundes Kuchenblech (Durchmesser etwa 24 cm) mit etwas Kokosöl oder -fett ausreiben oder mit Backpapier auslegen. Teig hineingiessen und im Ofen backen.
5 Frisches Obst dazu servieren.

PANNA COTTA MIT BEEREN

Vor- und Zubereitung: 15 Minuten
Kühl stellen: mindestens 3 Stunden

2 Personen

½ Vanilleschote

250 ml Kokosmilch, ungesüsst

5 Tropfen Stevia

2 Blatt Gelatine

1 Handvoll Beeren, frisch

oder aufgetaut

1 Vanilleschote längs halbieren, Mark herauskratzen. Mit Kokosmilch und Stevia aufkochen. Kochtopf von der Wärmequelle nehmen.

2 Gelatine unterrühren, bis sie sich auflöst, in 2 kalt abgespülte Förmchen (je etwa 1.5 dl) giessen und abkühlen lassen. Zum Stocken in den Kühlschrank stellen. Vor dem Servieren die Förmchen kurz in heisses Wasser stellen, die Ränder mit einem Messer lösen und auf Teller stürzen.

3 Panna Cotta mit Beeren dekorieren.

Variation
Beeren pürieren.

PAPAYA GEFÜLLT

Vor- und Zubereitung: 10 Minuten

2 Personen

1 Papaya längs halbieren und entkernen. Mit der Schnittfläche nach oben anrichten. Etwas Saft auf das Papayafleisch träufeln und Heidelbeeren einfüllen. Den restlichen Limetten- oder Zitronensaft darüberträufeln.

2 Kokoshobel ohne Fettzugabe rösten und über Heidelbeeren streuen.

1 reife Papaya, extragross
1 Limette oder Zitrone
2 Handvoll Heidelbeeren
2 EL Kokoshobel

Variationen
Mit anderen Beeren oder geschnittenen Früchten füllen (z.B. Erdbeeren und Kiwis).
Anstatt Kokoshobel Mandelblättchen oder -stäbchen verwenden.
Normale Papayagrösse verwenden.
Anstatt Limetten- oder Zitronensaft frischen Ingwer fein darüber reiben.

Asiatischer Geheim-Tipp: Die schwarz glänzenden, pfefferkorngrossen Papayakerne nicht wegwerfen. Sie stecken voller gesunder Stoffe und helfen bei Verdauungsbeschwerden und Blähungen. Die getrockneten Kerne der Frucht kann man sogar im Reformhaus oder Bioladen für teures Geld kaufen. Waschen Sie die Fruchtfleischreste von den Kernen gründlich ab und rollen Sie die Kerne portionenweise zwischen zwei Schichten Küchenpapier oder den Händen hin und her, bis sie frei von der sie umgebenden Schleimschicht sind. Breiten Sie die Papayakerne auf einem mit Backpapier ausgelegten Blech aus. Bei 50 °C im Ofen etwa 2 Stunden trocknen lassen. Papayakerne schmecken wie schwarzer Pfeffer und können genauso verwendet werden: Die getrockneten Kerne in einem Mörser zerstossen oder in eine Pfeffermühle füllen und süsse oder herzhafte Speisen nach dem Kochen mit Papayakernpulver würzen. Können auch roh gegen Verdauungsprobleme eingesetzt werden (3 bis 5 Kerne auf einmal).

POWER RIEGEL

Vor- und Zubereitung: 25 Minuten
Backofen vorheizen: 160 °C
Backen: 20 Minuten (Mitte Backofen)

1 Nüsse ohne Fettzugabe leicht rösten. Abkühlen lassen und klein hacken.
2 Eier kurz schaumig schlagen, Kokosfett schmelzen. Mit den restlichen Zutaten zu einem Teig vermengen.
3 Auf ein mit Backpapier ausgelegtem runden Kuchenblech (Durchmesser 24 cm) geben und glatt streichen. Im Ofen backen. Abkühlen lassen und in Riegel schneiden.

Variation
Andere getrocknete Früchte verwenden (eventuell zerkleinern).

Tipps: Eignen sich als Snack für unterwegs. Können eingefroren werden.

etwa 16 Stück

120 g Walnusskerne
140 g Cashewnüsse
3 Eier
120 g Kokosfett*
120 g Mandelmus*
1 EL Honig
wenig Zitronensaft
150 g Cranberries
50 g Kokosraspel
130 g Mandeln, gemahlen

* im Reformhaus oder Bioladen erhältlich.

WEIHNACHTSGUETZLI: MANDEL-ZIMT-HÄUFCHEN

4 bis 8 Personen

115 g Butter, weich

3 bis 5 EL Honig (je nach Ge-schmack)

1 EL Vanillepulver oder-extrakt

300 g Mandeln, gemahlen

1 Msp. Meersalz

¼ EL Kartoffelstärke

1 EL Zimt

Vor- und Zubereitung: 10 Minuten
Backofen vorheizen: 175 °C
Backen: 8 bis 10 Minuten (Mitte Backofen)
Abkühlen lassen: 1 bis 2 Stunden

1 Butter mit Honig und Vanille vermengen.

2 Mandeln, Meersalz, Kartoffelstärke und Zimt zugeben und vermengen. Mit Kaffeelöffel kleine Nocken formen. Auf ein mit Backpapier ausgelegtem Blech legen und im Ofen etwa 8 bis 10 Minuten goldgelb backen. Abkühlen lassen.

WEIHNACHTSGUETZLI: KOKOSNUSS-MAKRONEN

4 bis 8 Personen

4 Eiweisse

1 Msp. Meersalz

1 EL Vanillepulver oder-ex-trakt

100 g bis 150 g Honig

250 g Kokosraspel

Vor- und Zubereitung: 15 Minuten
Backofen vorheizen: 120 °C
Backen: 20 bis 25 Minuten (Mitte Backofen)
Abkühlen lassen: 1 bis 2 Stunden

1 Eiweisse mit Meersalz steif schlagen. Vanille zugeben.

2 Honig erhitzen, bis dieser flüssig wird oder flüssigen Honig verwenden. Langsam in die Masse träufeln.

3 Kokosraspeln dazugeben und vorsichtig vermengen (nicht mit dem Mixer). Um die Masse klebriger zu machen, wenig Wasser beifügen. Kurz ziehen lassen, damit die Kokosraspel Flüssigkeit aufsaugen können. Mit einem Esslöffel Nocken formen und auf ein mit Backpapier ausgelegtem Blech legen. Im Ofen backen (Backzeit kontrollieren). Abkühlen lassen.

WEIHNACHTSGUETZLI: NUSS-SCHEIBEN

Vor- und Zubereitung: 10 Minuten
Backofen vorheizen: 175 °C
Backen: 2 mal 15 Minuten (Mitte Backofen)
Abkühlen lassen: 2 mal 1 bis 2 Stunden

4 bis 8 Personen

250 g Mandeln, gemahlen

60 g Kokosnussmehl

30 g Kakaopulver

½ TL Kartoffelstärke

1 Msp. Meersalz

150 g Ahorn-Sirup

100 g Pistazien, ungesalzen

100 g Haselnüsse

1 Mandeln, Kokosnussmehl, Kakao, Kartoffelstärke und Meersalz vermengen. Sirup zugeben und alles mischen, bis ein kompakter Teig entsteht.
2 Pistazien und Nüsse fein hacken. Unterrühren. Den Teig zu einer langen Rolle formen, auf ein mit Backpapier ausgelegtem Blech setzen und 15 Minuten im Ofen backen. Abkühlen lassen (mindestens 1 Stunde).
3 Teigrolle in etwa 1 cm dicke Scheiben schneiden. Wieder auf Blech legen und nochmals 15 Minuten im vorgeheizten Ofen bei 175 °C backen. Abkühlen lassen.

QUINOA

Die Ernährungs- und Landwirtschaftsorganisation der Vereinten Nationen (FAO) hat 2013 zum Jahr der Quinoa erklärt. Gelegenheit also, das eher unbekannte Pseudogetreide ins Rampenlicht zu rücken.

Auch Peru-Reis oder Inka-Korn genannt, stammt Quinoa ursprünglich aus den Hochebenen der Anden in Südamerika. Es ist kein echtes Getreide, sondern mit Spinat und Mangold verwandt.

Quinoa ist eine der besten pflanzlichen Eiweissquellen und zählt zu den nährstoffreichsten Lebensmitteln überhaupt. Was sie so einzigartig macht, ist der hohe Gehalt von neun essentiellen Aminosäuren. Der Mineraliengehalt von Quinoa schlägt denjenigen anderer Getreidearten um Längen. Ausserdem ist das leckere Pseudogetreide glutenfrei und kann daher von Menschen mit entsprechender Unverträglichkeit problemlos gegessen werden.

Gekocht wird Quinoa ähnlich wie Reis und ist in bloss 15 Minuten gar. Im Handel erhältlich sind schwarze, rote oder weisse Quinoa (oder gemischt als Quinoa-Tricolore). Eignet sich hervorragend als Salat (oder um Salat zu bestreuen), als Beilage zu Fleisch, Fisch, Gemüse oder für Eintöpfe.

Enthält einen hohen Anteil an Kohlenhydraten, daher nicht zu oft essen.

QUINOA-SALAT MIT FRÜCHTEN

Vor- und Zubereitung: 35 Minuten

2 Personen

1 Quinoa mit 4 dl kaltem Wasser aufkochen. Meersalz zugeben und bei schwacher Hitze offen 15 Minuten köcheln lassen, bis das Wasser aufgesaugt ist. Abkühlen lassen.
2 Zwiebel in feine Ringe schneiden. Mit dem Jungsalat, Saft, Rotweinessig, Olivenöl zugeben, vermengen und leicht würzen. Anrichten.
3 Grapefruit schälen und filetieren. Mit den Himbeeren dekorativ auf Salat verteilen.

150 g Quinoa

½ TL Meersalz

1 Frühlingszwiebel

40 bis 50 g Jungsalat, gemischt (eventuell mit Kräutern)

1 EL Zitronen- oder Limettensaft

2 EL Rotweinessig

3 EL Olivenöl

Himalayasalz

Pfeffer aus Mühle

1 rosa Grapefruit

10 Himbeeren, frisch oder aufgetaut

QUINOA-COUSCOUS

Vor- und Zubereitung: 20 Minuten

2 Personen

1 Quinoa mit Wasser aufkochen. Meersalz zugeben und bei schwacher Hitze offen 15 Minuten köcheln lassen, bis das Wasser aufgesaugt ist. Abkühlen lassen.
2 Tomaten halbieren, Gurke schälen, längs halbieren, entkernen und in Scheiben schneiden. Zwiebel in feine Ringe schneiden und Basilikum zerzupfen. Mit den schwarzen Oliven zugeben und mit Quinoa vermengen.
3 Für die Sauce Zitrone pressen, Peperoncino entkernen und fein hacken. Mit den restlichen Zutaten unter Quinoa mischen.

150 g Quinoa
4 dl Wasser, kalt
½ TL Meersalz
150 g Cherrytomaten
½ Salatgurke, klein
1 rote Zwiebel
10 Basilikumblätter
100 g schwarze Oliven

Variationen
Anstatt Cherrytomaten andere Sorten verwenden und klein schneiden.
Anstatt Oliven ein paar Haselnüsse unterrühren.
Peperoncino weglassen.
Mit Auberginen: Enden der Auberginen kappen. Gemüsefrüchte in dünne Scheiben schneiden. Im Olivenöl braten, mit Meersalz würzen und auf Küchenpapier abkühlen lassen. Unterheben.

Sauce:
½ Zitrone
¼ Peperoncino, frisch
2 EL Rotweinessig
3 EL Olivenöl
Himalayasalz
Pfeffer aus Mühle

Tipp: Dieses beliebte Gericht darf auf keiner Grillparty fehlen. Eignet sich sehr gut zum Mitnehmen. Im Kühlschrank 2 bis 3 Tage haltbar (eventuell nachwürzen).

QUINOA-SALAT MIT HUHN
UND GEMÜSE

2 Personen

150 g Quinoa
½ TL Meersalz
1 TL Currypulver, mild
2 Hühnerbrüstchen
2 EL Olivenöl
1 Lauchstange
½ Wirz, klein
Pfeffer aus Mühle
etwas Schnittlauch

Vor- und Zubereitung: 35 Minuten

1 Quinoa mit 4 dl kaltem Wasser aufkochen. Meersalz und Curry zugeben und bei schwacher Hitze offen 15 Minuten köcheln lassen, bis das Wasser aufgesaugt ist.
2 Inzwischen Huhn kalt abbrausen, mit Küchenpapier abtupfen und in etwa 2 cm grosse Würfel schneiden. Im Olivenöl anbraten.
3 Grobfasrige Teile beim Lauch entfernen, Stange längs halbieren und in feine Streifen schneiden. Wirz vierteln, Strunk entfernen und Wirz in feine Streifen schneiden. Alles zum Huhn geben und zugedeckt garen. Mit Meersalz und Pfeffer würzen und mit Schnittlauchröllchen bestreuen.

Variation
1 Karotte grob reiben und mit restlichem Gemüse garen.

QUINOA-TRICOLORE
IN TOMATENSAUCE

Vor- und Zubereitung: 35 Minuten

2 Personen

150 g Quinoa-Tricolore

½ TL Meersalz

1 Tomaten am Stielansatz kreuzweise einschneiden, in siedendes Wasser tauchen, bis sich die Haut löst, mit kaltem Wasser abschrecken, schälen, Stielansatz entfernen und Tomaten entkernen. Fruchtfleisch in grobe Stücke schneiden.

2 Zwiebel und Knoblauch fein hacken und in der Butter andünsten. Kräuterblätter zerzupfen und mit Tomatenstücken, Meersalz und Pfeffer zugeben. Bei starker Hitze unter ständigem Rühren 10 Minuten braten. Hitze reduzieren und zugedeckt weich garen.

3 Inzwischen Quinoa mit 4 dl Wasser aufkochen. Meersalz zugeben und bei schwacher Hitze offen 15 Minuten köcheln lassen, bis das Wasser aufgesaugt ist. Mit Tomatensauce mischen.

Tomatensauce:

4 bis 6 aromatische Tomaten

½ Zwiebel

1 Knoblauchzehe, klein

1 EL Butter

2 Salbei- oder Basilikumblätter

Meersalz

Pfeffer aus Mühle

QUINOA-TRICOLORE MIT PILZEN UND LACHSFILET

Vor- und Zubereitung: 45 Minuten

2 Personen

1 Zwiebel und Knoblauch fein hacken. Sellerie ohne Grün in dünne Scheiben schneiden. Pilze putzen und in Scheiben schneiden. Alles in der Butter andünsten.

2 Quinoa und Brühe zugeben, aufkochen und bei schwacher Hitze offen 15 Minuten köcheln lassen, bis die Flüssigkeit aufgesaugt ist. Mit wenig Zitronen- oder Limettensaft und Pfeffer verfeinern.

3 Lachsfilets kalt abbrausen und mit Küchenpapier abtupfen. Mit Meersalz und Pfeffer würzen und im Olivenöl (eventuell in der Grillpfanne) braten (sollten nicht durchgebraten sein). Etwas Zitronensaft darüber träufeln.

4 Restliche Zitronen oder Limetten in Schnitze schneiden und dazu reichen.

1 Zwiebel, klein

1 Knoblauchzehe, klein

1 Selleriestange

100 g Champignons

1 EL Butter

150 g Quinoa-Tricolore

4 dl Gemüsebrühe

2 Zitronen oder Limetten

Pfeffer aus Mühle

2 Lachsfilets (je etwa 200 g), ohne Haut

Meersalz

1 EL Olivenöl

Variation

Anstatt Champignons Eierschwämme und 10 g bis 15 g grob gehackte Haselnüsse pro Person in wenig Butter braten, mit Meersalz würzen und am Ende der Garzeit unter die Quinoa mischen.

DANKESCHÖN

Wir danken herzlich:

Daniela Friedli: Für die wunderschönen Fotografien, welche du mit Leib und Seele perfekt nach unserem Geschmack inszeniert hast.

Martina Beranek: Dafür, dass du als unsere Lektorin mit gekonnter Sprache optimiert hast, was wir zu sagen haben.

Ich, Nadja Reinmann, danke herzlich:

Monica Schlatter: Ohne dich hätte ich das Buch nie fertigstellen können. Danke für dein Engagement, deine Kreativität und deine Kochkünste.

Marc Reinmann: Du hast mich oft durch mein «ich muss noch am Buch arbeiten» entbehren müssen. Danke für deine Geduld und deinen grenzenlosen Glauben an mich.

Hanni & Kurt Kissling: Ihr habt mir schon als Kind ein Gespür für frisches und selbst zubereitetes Essen mit auf den Weg gegeben. Danke für eure Lebensschule.

Carmen Kissling: Alle meine Projekte werden von dir tatkräftig durch fleissiges Werbung machen unterstützt. Danke grosse Schwester, du spornst mich an.

Hans & Iris Friedli, Inhaber der Metzgerei Friedli in Kappel: Ihr versorgt mich immer mit frischem Fleisch & Fisch und habt ein offenes Ohr für meine Spezialwünsche.

Meinen «Personal Training»-Kunden: Ihr alle habt mich überhaupt inspiriert, ein Koch- und Ernährungsbuch zu kreieren. Durch eure Hartnäckigkeit und euren Wissensdurst habe ich den Schritt gewagt. Danke fürs Vertrauen.